〔清〕江藩著

國朝漢學師承記

附國朝經師經義目録
國朝宋學淵源記

中華書局

圖書在版編目(CIP)數據

國朝漢學師承記/(清)江藩著;鍾哲整理.—北京:中華書局,1983.11(2022.7 重印)
附國朝經師經義目録、國朝宋學淵源記
ISBN 978-7-101-02104-2

Ⅰ.國…　Ⅱ.①江…②鍾…　Ⅲ.漢學-研究-中國-清代　Ⅳ.K249.078

中國版本圖書館 CIP 數據核字(2008)第 116963 號

責任印製:管　斌

國朝漢學師承記

附國朝經師經義目録

國朝宋學淵源記

〔清〕江　藩　著

鍾　哲　整理

*

中 華 書 局 出 版 發 行

(北京市豐臺區太平橋西里 38 號　100073)

http://www.zhbc.com.cn

E-mail:zhbc@zhbc.com.cn

三河市宏盛印務有限公司印刷

*

850×1168 毫米 1/32・6¼印張・2 插頁・132 千字

1983 年 11 月第 1 版　2022 年 7 月第 5 次印刷

印數:18001-20000 册　定價:24.00 元

ISBN 978-7-101-02104-2

目録

國朝漢學師承記

國朝宋學淵源記

國朝漢學師承記

阮序

兩漢經學所以當尊行者，爲其去聖賢最近，而二氏之説尚未起也。老莊之説盛於兩晉，然道德、莊、列本書具在，其義止於此而已，後人不能以己之文字飾而改之，是以晉以後鮮樂言之者。浮屠之書，語言文字非譯不明，北朝淵博高明之學士，宋、齊聰穎特達之文人，以己之説傅會其意，以致後之學者繹之彌悦，改而必從，非釋之亂儒，乃儒之亂釋。魏收作釋老志後，蹤迹可見矣。吾固曰：兩漢之學純粹以精者，在二氏未起之前也。我朝儒學篤實，務爲其難，務求其是，是以通儒碩學有束髮研經，白首而不能究者，豈如朝立一旨，暮即成宗者哉！

甘泉江君子屏得師傳于紅豆惠氏，博聞强記，無所不通，心貫羣經，折衷兩漢。元幼與君同里同學，竊聞論説三十餘年。江君所纂國朝漢學師承記八卷，嘉慶二十三年元居廣州節院時刻之，讀此可知漢世儒林家法之承授，國朝學者經學之淵源，大義微言，不乖不絶，而二氏之説亦不攻自破矣。元又嘗思國朝諸儒説經之書甚多，以及文集説部，皆有可采，竊欲析縷分條，加以翦截，引繫於羣經各章句之下。譬如休寧戴氏解尚書「光被四表」爲「横被」，則繫之堯典；寶應劉氏解論語「哀而不傷」即詩「惟以不永傷」之「傷」，則繫之論語八佾篇而互見周南。如此勒成一書，名曰大清經解。徒以學力日荒，政事無暇，而能總此事，審是非，定去取者，海內學友惟江君與顧君千里二三人。他年各家所著之書，或不盡傳，奥義單辭，淪替可惜，若之何哉！

歲戊寅除夕，阮元序於桂林行館。

卷一

先王經國之制，井田與學校相維，里有序，鄉有庠。八歲入小學，學六甲、五方、書計之事，始知室家長幼之節。十五入大學，學先聖禮樂，而知朝廷君臣之禮。所以耕夫餘子亦得秉耒橫經，漸詩書之化，被教養之澤。濟濟乎，洋洋乎，三代之隆軌也！秦并天下，燔詩書，殺術士，聖人之道墜矣。然士隱山澤巖壁之間者，抱遺經，傳口說，不絶於世。漢興，乃出。言易，淄川田生；言書，濟南伏生；言詩，於魯則申公培，於齊則轅固生，於燕則韓太傅；言禮，魯高堂生；言春秋，於齊則胡母生，於趙則董仲舒。自茲以後，專門之學興，命氏之儒起，六經五典，各信師承，嗣守章句，期乎勿失。西都儒士開横舍，延學徒，誦先王之書，被儒者之服，彬彬然有洙泗之風焉。爰及東京，碩學大師賈、服之外，咸推高密鄭君，生炎漢之季，守孔子之學，訓義優洽，博綜羣經，故老以爲前修，後生未之敢異。晉王肅自謂辨理依經，逞其私説，僞作家語，妄撰聖證，以外戚之尊，盛行晉代。王弼宗老、莊而注周易，杜預廢賈、服而釋春秋，梅賾上僞書，費甝爲義疏，於是宋齊以降，師承淩替，江左儒門，參差互出矣。然河洛尚知服古，不改舊章，左傳則服子慎，尚書周易則鄭康成，詩則並主於毛公，禮則同遵於鄭氏。若輔嗣之易，惟河南、青、齊間有講習之者，而王肅易亦間行焉。元凱之左氏但行齊地，僞孔傳惟劉光伯、劉士元信爲古文，皆不爲當時所尚。隋書云「南人約簡，得其英華，北學深蕪，窮其枝葉」，豈知言者哉！唐太宗挺生於干戈之世，創業於戎馬之中，雖左右櫜鞬，櫛沐風雨，然銳情經術，延攬名流，卽位後讎正五經，頒示天下，命諸儒萃章句，爲義疏。惜乎孔沖遠、朱子奢之徒妄出己見，去取失當，易用輔嗣而廢康成，書去馬、鄭而信僞孔，穀梁退麋氏而進范寧，論語則專主平叔，棄尊彝而寶康瓠，舍珠玉而收瓦礫，不亦傎哉！宋初承唐之弊，而邪說詭言，亂經非聖，殆有甚焉。如歐陽修之詩，孫明復之春秋，王安石之新義是已。至於濂、洛、關、閩之學，不究禮樂之源，獨標性命之旨，義疏諸書，束置高閣，視如糟粕，棄等弁髦，蓋率履則有餘，考鏡則不足也。元明之際，以制義取士，古學幾絕，而有明三百年，四方秀艾困於帖括，以講章爲經學，以類書爲博聞，長夜悠悠，視天夢夢，可悲也夫！在當時豈無明達之人志識之士哉，然皆滯於所習，以求富貴，此所以儒罕通人，學多鄙俗也。

我世祖章皇帝握貞符，膺圖籙，撥亂反正，伐罪弔民，武德定四海，文治垂千古。順治十三年，勅大學士傅以漸撰易經通註，以永樂大全繁冗蕪陋，刊其舛訛，補其闕漏，勒爲是書，頒之學官。聖祖仁皇帝嗣位，削平遺孽，親征西番，戡定三藩，永清六合，然萬機之暇，棲神墳典，悅志藝文，闡五音六律之微，稽八綫九章之術。天亶睿知，典學宏深，伊古以來所未有也。康熙十九年，勅大學士庫勒納等編日講四書解義、日講書經解義。二十二年，勅大學士牛鈕等編日講易經解義。三十八年，奉勅撰春秋傳說彙纂。五十四年，又勅大學士李光地等撰周易折中。六十年，又勅大學士王頊齡等撰書經傳說彙纂，又勅户部尚書王鴻緒等撰詩經傳說彙纂。凡御纂羣經，皆兼采漢宋先儒之說，參考異同，務求至當，遠紹千載之薪傳，爲萬世不刊之鉅典焉。世宗憲皇帝際昇平之時，咸寧之世，未明求治，乙夜觀書，雖夙通三乘，然雅重七經。即位之後，即刊行聖祖欽定詩經傳説彙纂、書經傳説彙纂，皆御製序文，弁於卷首，又編定聖祖日講春秋解義。雍正五年，御纂孝經集註，折衷羣言，勒爲大訓，推武、周達孝之源，究天地明察之理，故能心契孔、曾，權衡醇駮也。至高宗純皇帝御極六十年，久道化成，不疾而速，不行而至，武功則耆定十全，文德則旁敷四海，富既與地平侔資，貴乃與天乎比崇，盛德日新，多文日富。乾隆元年，詔儒臣排纂聖祖日講禮記解義。十三年，欽定周官義疏、儀禮義疏、禮記義疏。二十年，大學士傅恆等奉勅撰周易述義、詩義折中。三十年，大學士傅恆等奉勅撰春秋直解，於易則不涉虛渺之説與術數之學，觀象則取互體以發明古義。於詩則依據毛、鄭，溯孔門授受之淵源，事必有徵，義必有本，臆説武斷，概不取焉。於禮則以康成爲宗，探孔、賈之精微，綜羣儒之同異，本天殽地，經國坊民，治法備矣。於春秋則採三家之精華，斥安國之迂謬，闡尼山之本意，洵爲百王之大法也。經學之外，考石鼓，辨大吕用修之非；刊石經，湔開成廣政之陋。又刻御製説經文於太學，皆治經之津梁，論古之樞要，所謂懸諸日月，焕若丹青者也。於是鼓篋之士，負笈之徒，皆知崇尚實學，不務空言，游心六藝之圃，馳騖仁義之塗矣。我皇上誕敷文教，敦尚經術，登明堂，坐清廟，次羣臣，奏得失，天下之衆，鄉風隨流，卉然與道而遷義，家懷克讓之風，人誦康哉之詠。猗歟偉歟，何其盛也！蓋惟列聖相承，文明於變，尊崇漢儒，不廢古訓，所以四海九州强學待問者咸沐菁莪之雅化，汲古義之精微。縉紳碩彥，青紫盈朝，縫掖巨儒，絃歌在野，擔簦追師，不遠千里，講誦之聲，道路不絶，可謂千載一時矣。

藩綰髮讀書，授經於吴郡通儒余古農、同宗艮庭二先生，明象數制度之原，聲音訓詁之學，乃知經術一壞於東、西晉之清談，再壞於南、北宋之道學，元明以來，此道益晦。至本朝，三惠之學盛於吳中，江永戴震諸君繼起於歙，從此漢學昌明，千載沈霾一朝復旦。暇日詮次本朝諸儒爲漢學者，成漢學師承記一編，以備國史之採擇。嗟乎！三代之時，弼諧庶績，必舉德於鴻儒；魏晉以後，左右邦家，咸取才於科目。經明行修之士，命偶時來，得策名廊廟；若數乖運舛，縱學窮書圃，思極人文，未有不委棄草澤，終老邱園者也。甚至饑寒切體，毒螫𤺄膚，筮仕無門，齎恨入冥，雖千載以下哀其不遇，豈知當時絶無過而問之者哉！是記於軒冕則畧記學行，山林則兼誌高風。非任情軒輊，肆志抑揚，蓋悲其友麋鹿以共處，俟草木以同彫也。

閻若璩　張弨　吳玉搢　宋鑒

閻若璩，字百詩，先世居太原縣西寨村，五世祖始居淮安。祖世科，明萬曆甲辰進士，官至布政司參議。父修齡，郡學生。若璩生，世科愛之，常抱置膝上，摩其頂曰：「汝貌文，其爲一代儒者以光吾宗乎！」若璩生而口吃，性鈍，六歲入小學，讀書千遍不能背誦。年十五，冬夜讀書，扞格不通，憤悱不寐，漏四下，寒甚，堅坐沈思，心忽開朗，自是穎悟異常。是年，補學官弟子，一時名士如李太虛、方爾止、王于一、杜于皇，皆折輩行與交。若璩研究經史，寒暑弗徹，嘗集陶貞白皇甫士安語，題所居之柱云：「一物不知，以爲深恥，遭人而問，少有寧日。」其立志如此。年二十，讀尚書，至古文，即疑二十五篇之僞，沈潛二十餘年，乃盡得其癥結所在，作古文尚書疏證。其說之最精者，謂：「漢書藝文志言『魯共王壞孔子宅，得古文尚書，孔安國以攷二十九篇，得多十六篇。』楚元王傳亦云『逸書十六篇，天漢之後，孔安國獻之』。古文篇數之見於西漢者如此，而梅賾所上乃增多二十五篇，此篇數不合也。杜林、馬、鄭，皆傳古文者。據鄭氏說，則增多者舜典、汨作、九共、大禹謨、益稷、五子之歌、胤征、典寶、湯誥、咸有一德、伊訓、肆命、原命、武成、旅獒、冏命十六篇，而九共有九篇，故亦稱二十四篇。今晚出書無汨作、九共、典寶等篇，此篇名之不合也。鄭康成注書序，於仲虺之誥、太甲、說命、微子之命、蔡仲之命、周官、君陳、畢命、君牙，皆注曰『亡』，而於汨作、九共、典寶、肆命諸篇，皆注曰『逸』。逸者，即孔壁書也。康成雖云受書於張恭祖，然其書贊曰『我先師棘下生子安國亦好此學』，則其淵源於安國明矣。今晚出書與鄭名目互異，其果安國之舊耶！」又云：「古文傳自孔氏，後惟鄭康成所注者得其真；今文傳自伏生，後惟蔡邕石經所勒者得其正。今晚出書『宅嵎夷』，鄭作『宅嵎鐵』；『昧谷』，鄭作『柳谷』；『心腹腎腸』，鄭作『憂腎陽』；『劓刵劅剠』，鄭作『臏宮劓割頭庶剠』，與真古文既不同矣。石經殘碑遺字，見於洪适隸釋者五百四十七字，以今孔書校之，不同者甚多。碑云高宗之饗國百年，與今書之『五十有九年』異；孔敍三宗以年多少爲先後，碑則以傳敍爲次，則與今文又不同。然後知晚出之書蓋不古不今，非伏非孔，別爲一家之學者也。班孟堅言『司馬遷從安國問故，故堯典、禹貢、洪範、微子、金縢諸篇多古文說』；許慎說文解字亦云『其稱書孔氏』。今以史記說文與晚出書相校，又甚不合。安國注論語『予小子履』，以爲墨子引湯誓，其辭若此，不云此出湯誥，亦不云與湯誥小異，然則『予小子履』云云，非真古文湯誥，蓋斷斷也。其注『雖有周親，不如仁人』句，於論語則云『親而不賢不忠，則誅之，管蔡是也。仁人謂微子箕子，來則用之』；於尚書則云『周，至也。言紂至親雖多，不如周家之少仁人』。其詮釋相懸絶如此，豈一人之手筆乎！」又云：「古未有夷族之刑，即苗氏之虐，亦祇肉刑止爾，有之，自秦文公始。僞作古文者偶見荀子有『亂世以族論罪，以世舉賢』之語，遂竄之泰誓篇中。無論紂惡不如是甚，而輕加三代以上以慘酷不德之刑，何其不仁也！荀卿曰：『誥誓不及五帝。』司馬法言『有虞氏戒於國中，夏后氏誓於軍中，殷誓於軍門之外，周將交刃而誓之』。當虞舜在上，禹縱征有苗，安得有會后誓師之事？此亦不足信也。司馬法曰：『入罪人之地，見其老弱，奉歸無傷，雖遇壯者，不校勿敵。敵若傷之，藥醫歸之。』三代之用兵，以仁爲本如此，安得有『火炎崑岡，玉石俱焚』之事？既讀陳琳檄吳文云『大兵一放，玉石俱碎』，鍾會檄蜀文云『大兵一發，玉石俱碎』，乃知其時自有此等語，則此書之出魏晉間又一佐也。」又云：「武成篇先書一月壬辰，次癸巳，又次戊午，已是月之二十八日，後繼以癸亥、甲子，已是爲二月之四五日，而不冠以二月，非今文書法也。洛誥稱乙卯，費誓兩稱甲戌，此周公伯禽口中之詞，指此日有此事云爾，豈史家紀事之例乎！」又云：「書序益稷本名棄稷，馬、鄭、王三家本皆然，蓋別是一篇，中多載后稷與契之言。揚子雲法言孝至篇：『言合稷契之謂忠，謨合皋陶之謂嘉。』子雲親見古文，故有此言。晚出書析皋陶謨之半爲益稷，則稷與契初無一言，子雲豈鑿空者耶！」其辨孔傳之僞云：「三江入海，未嘗入震澤，孔謂江自彭蠡分而爲三，共入震澤者，謬也。金城郡，昭帝所置，安國卒於武帝時，而傳稱積石山在金城西南，豈非後人作僞之證乎！傳義多與王肅注同，乃孔竊王，非先有孔説而王取之也。漢儒説六宗者，人人各異，王肅對魏明帝乃取家語『孔子曰所宗者六』之語，肅以前未聞也，而僞傳已有之，非孔竊王而何！」其論可謂信而有徵矣。

康熙元年，始游京師，合肥龔尚書鼎孳爲之延譽，由是知名。旋改歸太原故籍，爲廩膳生。崑山顧炎武游太原，以所撰日知録相質，卽改訂數則，炎武心折焉。未幾，出游鞏昌，與陳秀才壽善，一夕共成七言絶句百首，名曰隴右倡和詩。十七年，應博學宏詞科試不第，留京師，與長洲汪編修琬反覆論難。琬著五服考異成，若璩糾其繆，琬雖改正，然護前轍，謂人曰：「百詩有親在，而喋喋言喪禮乎！」若璩聞之，曰：「王伯厚嘗云：『夏侯勝善説禮服，言禮之喪服也。蕭望之以禮服授皇太子，則漢世不以喪服爲諱也。唐之奸臣以凶事非臣子所宜言，去國恤一篇，識者非之。』講經之家豈可拾其餘唾哉！」崑山徐贊善乾學問曰：「於史有徵矣，於經亦有徵乎？」若璩曰：「按雜記曾申問於曾子曰：『哭父母，有常聲乎？』申，曾子次子也。檀弓：『子張死，曾子有母之喪，齊衰而往哭之。』夫孔子没，子張尚存，見於孟子。子張没而曾子方喪母，則孔子時曾子母在可知，記所載曾子問一篇，正其親在時也。」乾學歎服。三十一年，客閩歸，乾學延至京師爲上客，每詩文成，必屬裁定，曰：「閻先生學有師法，非吳志伊輩所及也。」合肥李公天馥亦云：「詩文不經百詩勘定，未可輕易示人。」及乾學以尚書歸里，奉勅修一統志，開局於洞庭東山，既又移嘉善，後歸崑山，若璩皆從事焉。若璩精於地理之學，山川形勢，州郡沿革，瞭若指掌。嘗曰：「孟子言讀書當論其世，予謂並當論其地。少讀孟子書，疑滕定公薨，使然友之鄒問孟子，何緩不及事；及長大親歷其地，方知故滕國城在今縣西南十五里，故邾城在今鄒縣東南二十六里，相去僅百里，故朝發而夕至，朝見孟子而暮卽反命也。」因撰四書釋地六卷、釋地餘論一卷。又據孟子七篇，參以史記諸書，作孟子生卒年月考一卷。晚年，名益著，學者稱爲潛邱先生。世宗在潛邸手書延至京師，握手賜坐，呼「先生」而不名。索觀所著書，每進一篇，未嘗不稱善。疾亟，請移就外，留之不可，乃以大牀爲輿，上施青紗帳，二十人舁之出，移居城外十五里，如卧牀簣，不覺其行也。卒年六十有九，時康熙四十三年六月八日。世宗遣官經紀其喪，親製輓詩四章，有「三千里路爲余來」之句。後爲文以祭之，有云：「讀書等身，一字無假，孔思周情，旨深言大。」若璩以諸生而受聖主特達之知，可謂得稽古之榮矣。

平生長於考證，遇有疑義，反覆窮究，必得其解乃已。嘗語弟子曰：「曩在東海公邸夜飲，公云：『今晨直起居注，上問古人言使功不如使過，此語自有出處，當時不能答。』予舉宋陳良時有使功不如使過論，篇中有秦伯用孟明事，但不知此語出何書耳。越十五年，讀唐書李靖傳，高祖以靖逗留，詔斬之，許紹爲請而免。後率兵破開州蠻，俘擒五千，帝謂左右曰：『使功不如使過，果然。』謂卽出此。又越五年，讀後漢書獨行傳，索盧放諫更始使者勿斬太守，曰『夫使功不如使過』，章懷注：『若秦穆公赦孟明而用之，霸西戎。』乃知全出於此。甚矣學問之無窮，而尤不可以無年也！」天性多否少可，詞科五十人中，獨許吴志伊之博覽，徐勝力之强記而已。如李天生，謂其杜撰故事；汪鈍翁，謂其私造典禮。所服膺者三人，曰錢受之、黃太沖、顧寧人。然論受之，則曰：「此老春秋不足作準。」論太沖，則曰：「太沖之徒麤。」待訪録，指其繆訛不一而足。指摘日知録一卷，見潛邱劄記中。藩聞之顧君千里云：「曾見初印亭林所刊廣韻，前有校刊姓氏，列受業閻若璩名。」則若璩常執贄崑山門下。然若璩所著書中不稱亭林爲師，豈亭林没後遂背其師耶！所著古文尚書疏證、四書釋地、孟子生卒年月考、潛邱劄記，行於世。子詠，亦能文。

同時山陽有張弨者，字力臣，隱於賈，受業於崑山顧炎武，究心小學，有婁機漢隸字原校本，敍曰：「自隸變篆以就省，而碑版各家可以隨意增減點畫，改易偏旁，好異尚奇，貽誤後學。今悉準之説文，於漢隸字原中取一正體，以朱筆標出之；或破體而不至背正體者，亦標出之；其雖無當於正體而近是者，亦點出之；其全謬者，則據説文駮正之；其本碑不誤而字原鈔寫致錯者，亦校正之。」論「辭」字曰：「『辭』乃『辭訟』之『辭』，若『辤受』之『辤』，則從『受』，而『文詞』之『詞』又別焉。」論「懷」字曰：「『懷』乃『懷想』之『懷』，若『褱抱』之『褎』，則不從『心』，而『褎袖』之『褎』又別焉。」論「麟」字曰：「『麟』，大牝鹿也，非西狩所獲也。四靈之一，乃『麐』字也。」論「氤氳」二字曰：「以篆法當作『壹壼』，而隸無『壼』字，故借爲『烟煴』，又借『煴』而爲『緼』。若『氤氳』，乃俗字，而『絪』亦俗字也。」論「雕」字曰：「『雕』之爲『鵰』，猶『雞』之爲『鷄』，本一字，而『彫』則琢也。今反歧『雕』與『鵰』爲二字，而系『雕』與『彫』爲一字，謬之尤者也。」論「華」字曰：「古作『𠌶』，通作『𦾓』，宋齊以南無『花』字，北朝魏、齊之交始有之。」論「彊」字曰：「彊者，弓有力也。强則蚚也，非彊也。」論「累」字曰：「『纍纍』之『纍』省而爲『累』，非『積絫』之『絫』。」論「序」字曰：「『庠序』之『序』，是學名，非『次敍』之『敍』。」論「艸」字曰：「『艸』乃象形，若『草』，則斗櫟實也，別爲一字。」論「气」字曰：「凡天气地气之气，皆气也。加『米』，是『氣廩』之『氣』。今妄以『氣』爲『气』，而加『食』字爲『餼』，贅文也。」論「俊」字曰：「千人之材曰俊，若雋，則肥肉也。『冋』乃『弓』之横體，引弓射隹，故曰得雋，非俊也。今加『人』於『雋』旁，通以爲『俊』，謬之大者也。」論「黻」字曰：「黑與青相次之文，朩則上古蔽前之皮，其字象形。『朩』之重文曰『韍』，非『黻』也。後世加『艸』於『市』爲『芾』，非也。又改『韋』作『系』爲『紱』，亦非也。漢人不曉，妄用之。宋之米元章名芾，而通書作『黻』，皆誤也。」其書之大畧如此。力臣雖不知古人假借通用之說，然謹守叔重之書，辨鄉壁虛造之字，其學識遠出戴侗楊桓之上矣。雅好金石文字，遇荒村野寺，古碑殘碣埋沒榛莽之中者，靡不椎拓。嘗登焦山，乘江潮歸壑，往山巖之下藉落葉而坐，仰讀瘞鶴銘，聚四石，繪爲圖，聯以宋人補刻字，證爲顧況書，援據甚核。力臣書法唐賢，世稱能品，爲炎武寫廣韻及音學五書，今世傳彫本是也。

力臣之後有吳玉搢，字藉五，號山夫。考古書文字之異，取字體之假借通用者，系韻編次，各注所出，爲之辨證，著別雅五卷。亦癖金石，與力臣同嗜，作金石存十卷。乾隆年間，游京師，秦大司寇蕙田延至味經軒中，校定五禮通考。後以廩貢生官鳳陽訓導卒。

又有安邑宋半塘者，傳潛邱之學。半塘名鑒，字元衡，世居運城。生而穎悟，善讀書。乾隆甲子，舉於鄉。戊辰，成進士，銓授浙江常山縣知縣。三年，調鄞縣。莅鄞七年，以廉能升廣東南雄府通判，署連州，又署澳門同知，又署潮陽縣。所至有政聲，士民立生祠，頌遺愛焉。以親老告歸，囊無長物，攜書數千卷而已。歸田後，弟某爲確山令，馳書招之，至確山，卒於官署。半塘湛深經術，尤精小學，以潛邱古文尚書疏證文詞曼衍而不爾雅，重輯尚書攷辨四卷。嘗曰：「經義不明，小學不講也。小學不講，則形聲莫辨而訓詁無據矣。說文解字，乃小學之祖也，取而疏之，治經者其有所津逮乎！」採經、史、方言、釋名、玉篇、廣韻、水經注諸書爲說文解字疏，詳贍辨博。又益以附、借、備三門，如水部「沛」字，本遼東水名，附訓爲澤，借訓爲大爲仆，此皆見於經傳者。若見於史者，如漢書禮樂志「神哉沛」，師古注「沛，疾也」；司馬相如封禪文「沛然改容」，師古注「感動」；又大人賦「沛艾赳螑」注，張揖曰「沛艾，駊騀也」，則謂之備也。此乃宋氏一家之學。附者，說文無此訓，以經注訓附益之，故曰附。至於借，例與附益無二，又非通借之借，意當時必有一說以處之，不可得聞矣。又有易見、尚書彙鈔、漢書地理考、詩文集藏於家。子葆淳，字帥初，一字芝山。乾隆甲午優貢生，癸卯舉人，隰州學正，以例授國子監助教。學問淹通，工詩古文詞。性愛金石，隸書行楷山水皆入能品，傳其家學。時陽城張古餘太守與芝山友善。太守名敦仁，古餘其字也。乾隆甲午舉人，乙未成進士，戊戌補應殿試，以知縣用，今官吉安府知府。於學無所不窺，邃於經術，尤精天文曆算，北方之儒者也。

胡渭　黃儀　顧祖禹

胡渭，初名渭生，字朏明，一字東樵，世爲德清人。曾祖友信，明隆慶戊辰進士，廣東順德縣知縣，有政聲，工古文，與歸有光齊名，世所稱思泉先生也。父公角，天啟甲子舉人。渭生十二而孤，母沈攜之避寇山谷間，雖遭顛沛，猶手一編不輟㊀。十五爲縣學生，試高等，充增生，屢赴行省試不售，乃入太學，嘗館益都馮文毅公家。渭潛心經義，尤精輿地之學，崑山徐尚書乾學奉詔修一統志，開館洞庭山，延渭與黃儀子鴻、顧祖禹景范、閻若璩百詩分郡纂輯，因得博觀天下郡國書，又與子鴻輩觀摩相善，而

㊀「輟」，阮元刻本、粵雅堂叢書本、江氏叢書本、寶慶勸學書社本俱作「徹」。

問學益進焉。

渭素習尚書禹貢，謂僞孔孔沖遠及蔡沈於地理皆疏舛，如三江當主鄭康成說，庾仲初之言不足信；「浮于淮泗，達于河」，「河」當從說文作「菏」；「滎波既豬」，「波」當從鄭康成本作「播」；梁州之黑水與導川之黑水不可溷而爲一。因足疾家居，博稽載籍及古今注釋，攷其異同而折中之，依經立解，章別句從，成禹貢錐指二十卷。錐指者，取莊子秋水篇「用管窺天，用錐指地」之意，言所見者小也。又謂禹貢山川非圖不明，而漢永平中賜王景之圖及晉司空裴秀之圖皆亡，宋程大昌禹貢山川地理圖世無傳本，而合沙鄭氏東卿禹貢二十五圖世亦罕覯，且於郡國山川未能精審，先儒舊說與經異者不能釐正。乃據九州五服導山導水之文，證以地志水經，參之傳紀，計里畫方，爲圖四十七，古今水道山脈，條分縷析，聚米畫沙，如身歷目擊者矣。漢唐以來，河道遷徙，雖非禹貢之舊，要爲民生國計所繫，故於導河一章，備攷歷代決溢改流之迹。論近日淮黃之勢云：「清口不利，海口愈塞，加以淫潦，而河淮上流一時並決。洪澤諸湖衝盪高堰，人力倉卒難支，必決山、鹽、高、寶諸湖，而淮南海口沙壅更甚，爲禍尤烈。近日治河，乃遏之使不得北，而南入於淮，以便運耳。南行非河之本性，東衝西決，率無寧歲，非治河治漕也。設會通有時不用，則河可以北。先期戒民，凡田廬冢墓當水之衝者悉遷他所，官給其費，兩岸之隄增卑培薄，更於低處創立遙隄，使暴水至，得左右游波，寬緩而不迫。然後縱河所之，決金龍，注張秋，而東北由大清河入於渤海，不煩人力也。」其說可稱卓論，豈不通時務之迂儒所能哉！

嘗謂詩、書、禮、春秋皆不可無圖，惟易無所用圖，六十四卦，二體六爻之畫，卽圖也。八卦之次序方位，乾坤三索、出震齊巽二章盡之矣，安得有先後天之別哉！河圖之象，自古無傳，何從擬議！洛書之文，見於洪範，五行九宮初不爲易而設。作易圖明辨十卷。又言洪範古聖所傳，如日月之麗天，有目者所共覩，而閒有晦盲否塞者，先儒曲說爲之害也。漢儒五行傳專主災異，以瞽史矯誣之說亂彝倫攸敍之經，其害一也。洛書之本文，具在洪範，宋儒創爲白黑之點、方圓之體、九十之位，書也而變爲圖矣。且謂洪範之理通於易，劉牧以九爲河圖，十爲洛書，蔡元定兩易其名，其害二也。洪範元無錯簡，而宋儒任意改竄，移庶徵「王省惟歲」以下爲五紀之傳，移皇極㊀「斂時五福」至「其作汝用咎」，及三德「惟辟作福」以下並爲五福六極之傳，其害三也。作洪範正論五卷。又作大學翼真七卷，言格物致知之義，釋在邦畿章內本無缺文，無待於補。其議論之正，可謂通儒矣。

康熙己卯，因再從姪會恩官京師，乃復游日下，禮部尚書李振裕、侍講學士查昇，皆以爲當代儒宗。未幾，以老病歸。昇供奉內廷，暇日以禹貢錐指進呈，上覽而嘉之，問年籍，對曰：「浙江人，六十餘歲，禮部侍郎胡會恩之叔也。」四十二年，法駕南巡，渭撰平成頌一篇，獻諸行在，有詔嘉獎，召至南書房直廬，賜饌及書扇，又御書「耆年篤學」四大字賜之，禁直諸臣咸謂一時之曠典云。五十三年正月九日，卒於家，年八十有二。

黃儀，常熟人，篤信古學，於經史中地理及各家輿地書靡不究心。謂班書地志所載諸川，第言其所出所入，而中閒經歷之地不可得聞，惟水經注備著之，然非繪圖，讀者不能了然於心目。乃反覆尋玩，

㊀「極」字據洪範原文增。

每水各爲一圖，如某水出某縣，向某方，流徑某縣某方，至某縣合某水，某縣入某水，無一不具。閻若璩見之，不忍釋手，歎曰：「酈道元千古以下第一知己也！」

顧祖禹，無錫人，徙居常熟，客於釣渚渡，依范九鼎，後居膠山黄守中家。父柔謙，字剛中，精於史學，著山居贅論一書。祖禹少承家訓，不事拈括，經史皆能背誦如流水。性好遠游，足迹遍天下，無所遇，歸而閉户著書，撰歷代州域形勢九卷、南北直隸十三省一百十四卷、川瀆異同六卷、天文分野一卷，共一百三十卷，又用開方法繪地圖四卷，名曰讀史方輿紀要。凡職方廣輿諸書承譌襲謬，皆一一駁正，詳於山川險要及古今戰守之蹟，而景物名勝皆在所畧，讀其書，可以不出户牖而周知天下之形勝，爲地理之學者，莫之或先焉。世所稱三大奇書，此其一也。其二則梅文鼎曆算全書，李清南北史合鈔。然合鈔本人所易爲，李書尤嫌疏漏，豈能與顧氏梅氏之書稱鼎足哉！

張爾歧

張爾歧，字稷若，自號蒿庵居士，濟陽人也。少爲縣諸生，遜志好學，工古文詞，著天道論、中庸論、篤終論，爲時所稱。年三十，讀儀禮，歎曰：「漢初，高堂生傳儀禮十七篇。武帝時，有李氏得周官五篇，河間獻王以考工補冬官，共成六篇，奏之。後復得古經五十六篇於魯淹中，其十七篇與高堂生所傳同，餘三十九篇無師説。漢志所載傳禮者十三家，其所發明，皆周官及此十七篇之旨也。十三家獨小戴大顯，近代列於經以取士，而二禮反日微。蓋先儒於周官疑信各半，而儀禮則苦其難讀故也。夫疑周官者，尚以新莽荆國爲口實，儀禮則周公之所定，孔子之所述，當時聖君賢相士君子之所遵行，可斷然不疑者，而以難讀廢，可乎！」因鄭康成注文古質，賈公彦釋義曼衍，學者不能尋其端緒，乃取經與注章分之，定其句讀，疏其節，録其要，取其明注而止，有疑義則以意斷之，亦附於末，始名儀禮鄭注節釋，後改名儀禮鄭注句讀。又參定監本脱誤凡二百餘字，並考石經脱誤凡五十餘字，作正誤二篇附於後。成書之時，年五十有九矣。崑山顧炎武游山左，與爾岐友善，讀其書而爲之序，手録一本，藏山西祁縣所立書堂。嘗與汪琬書，稱爾岐之學根本先儒，立言簡當。又與友人論師道書曰：「獨精三禮，卓然經師，吾不如張稷若。」其爲亭林所推重如此。爾岐閉户著書，是以世無知者。平生交游，炎武之外，則長山劉友生、樂安李象先、關中李中孚、王宏撰四人而已。所著書有夏小正傳注一卷、吴氏儀禮考注訂誤一卷、弟子職注一卷、老子説畧二卷、濟陽縣志九卷、蒿庵集三卷、蒿庵閒話二卷、春秋傳議未成。晚年，蕭然物外，不與世接，自爲墓銘而卒。

馬驌　王爾膂

馬驌，字宛斯，一字驄御，鄒平人。順治己亥進士，謁選在京師，用才望與順天鄉試同考官，後爲淮安府推官。尋奉裁改知靈壁縣，有善政，卒於官，士民皆哭，且號於上曰：「願世世奉祀。」於是得部檄，祠名宦。驌少孤，事母以孝聞。穎敏强記，於書無不精研，而尤癖左氏春秋，以敍事易編年，引端竟緒，條貫如一傳，謂之左傳事緯，凡數萬言。又取太古以來及亡秦之事，合經史諸子，鉤括裁纂，佐以圖考，參以外録，謂之繹史，分五部：一曰太古三皇五帝，計十篇；二曰三代夏商西周，計二十篇；三曰春秋十二公時事，計七十篇；四曰戰國春秋至亡秦，計五十篇；五曰外録，紀天官、地志、名物、制度等，計十篇。合一百六十篇，篇爲一卷。其書最精，時人稱爲馬三代。顧炎武讀是書，歎曰：「必傳之作也！」康熙四十四年，仁皇帝南巡狩，至蘇州，一日，垂問驌所著書，命大學士張玉書物色元板。明年四月，令人賫白金二百兩至鄒平購板入内府。

同時有王爾膂，字襄哉，號止庵，一號泡齋，掖縣諸生。讀經宗漢學，以爲鄭夾漈謂漢人窮經而經亡，此言大非。漢儒有家法，七十子之大義賴漢以存，窮經而經亡，當在魏晉以後。蓋荀虞之易亂於王輔嗣，馬鄭之書亡於僞孔氏，賈服之春秋淆於杜元凱。其幸存者，毛鄭之詩，何氏之公羊，鄭氏之三禮耳。窮經當以毛、何、鄭爲主，然後參以六朝、唐、宋、元、明諸儒，擇其善而折衷焉，庶乎可矣。其論讀史也，以正史爲主，而旁證以外史。如前後漢外，有荀悦袁宏兩漢紀；三國志外，有蕭常續漢書、謝陛季漢書；晉書外，有崔鴻十六國春秋；南北史宋、齊、梁、陳、隋諸書外，有許嵩建康實録；新唐書外，有劉昫舊唐書、范祖禹唐鑒；五代史外，有尹洙五代春秋、范坰林禹吳越備史、句延慶錦里耆舊傳、馬令陸游南唐書；宋史外，北宋有王禹偁東都事畧、曾鞏隆平集，南宋有李心傳建炎以來朝野雜記、徐夢莘北盟會編、葉紹翁四朝聞見録；元史外，有蘇天爵名臣事畧。凡此諸書，皆當參互考訂，以知其得失。亦一時之學者也。

卷二

惠周惕　惠士奇　惠松崖

惠周惕，字元龍，一字研溪，吳縣人。先世居扶風。遠祖元祐徙洛陽，靖康末以文林閣學士扈高宗蹕，如臨安，家湖州。生善，分爲四支：曰四七，曰廿一，曰三八，曰小一。三八支後七傳至倫，始遷吳縣東渚郵。五傳至洪，洪年至一百五歲，吳下所稱百歲翁是也。洪生萬方，萬方生有聲，有聲生周惕。有聲字樸菴，明歲貢生，與同里徐枋友善，以九經教授鄉里，尤精於詩。研溪先生少傳家學，又從徐枋汪琬游，工詩古文詞。既壯，阨於貧，徧游四方，與當代名士交，秀水朱彝尊亟稱之，文名益著。康熙辛未，成進士，選庶吉士，因不習國書，改密雲知縣，卒於官。著有易傳、春秋問、三禮問、詩說及研溪詩文集。

子士奇，字天牧，晚年自號半農人。研溪先生夢東里楊文貞公來謁，已而生先生，遂以文貞之名名之。年十二，即能詩，有「柳未成陰夕照多」之句，爲先輩所激賞。二十一爲諸生，不就省試。或問之，曰：「胸中無書，焉用試爲！」乃奮志力學，晨夕不輟，遂博通六藝九經諸子及史、漢、三國志，皆能闇誦。嘗與名流宴集，坐中有難之者曰：「聞君熟於史漢，試爲誦封禪書。」先生朗誦終篇，不遺一字，衆皆驚服。戊子，鄉試第一。明年，成進士，選庶吉士，散館，授編修。癸巳、乙未會試，兩充同考官。聖祖嘗問廷臣誰工作賦，閣學蔣廷錫以華亭王頊齡、仁和湯右曾及先生三人對。其後己亥正月，太皇太后升祔禮成，奉命祭告炎帝陵舜陵。故事，祭告使臣，學士以上乃得開列，先生以編修得膺寵命，洵異數也。庚子，主湖廣鄉試。冬，奉命督學廣東。雍正元年癸卯，命留任三年。嘗謂漢時蜀郡僻陋，文翁守蜀，選子弟就學，遣雋士張寬等東受七經，還以教授。其後司馬相如、王褒、嚴遵、揚雄相繼而起，文章冠天下。漢之蜀，今之粤也。於是毅然以經學倡。三年之後，通經者多，文體爲之一變。又謂今之校官，古博士也。博士明於古今，通達國體，今校官無博士之才，弟子何所效法！訪諸輿論，有海陽進士翁廷資，其學品勝校官之職，具疏題補韶州府教授，得以誘進多士。吏部以學臣向無題補官員之例，格不行。世宗特旨：惠士奇居官聲名好，所舉之人諒非徇私，著照所請補授，後不爲例。在任遷右春坊右中允，超擢侍講學士，轉侍讀學士。丙午，任滿還都，送行者如堵牆。既去，粤人設木主配食先賢：廣州於三賢祠，惠州於東坡祠，潮州於昌黎祠，元旦及生日，諸生肅衣冠入拜。其得士心如此。丁未五月，奉旨修鎮江城，以産盡停工罷官。乾隆元年，奉旨調取來京引見，以講讀用，所欠修城銀兩得寬免。丁巳六月，補侍讀。戊午，以病告歸。辛酉三月卒，年七十有一。

先生邃深經術，撰易說六卷、禮說十四卷、春秋說十五卷。其論易曰：「易始於伏羲，盛於文王，大備於孔子，而其說猶存於漢。不明孔子之易，不足與言文王；不明文王之易，不足與言伏羲。舍文王孔子之易而遠問庖犧，吾不知之矣。漢儒言易，如孟喜以卦氣，京房以通變，荀爽以升降，鄭康成以爻辰，虞翻以納甲，其說不同，而指歸則一，皆不可廢。今所傳之易，出自費直，費氏本古文，王弼盡改爲俗書，又創爲虛象之說，遂舉漢學而空之，而古學亡矣。易者，象也。聖人觀象而繫辭，君子觀象而玩辭，六十四卦皆實象，安得虛哉！」其論春秋曰：「春秋三傳，事莫詳於左氏，論莫正於穀梁。韓宣子見魯春秋曰：『周禮盡在魯矣。』然則春秋本周禮以記事也。左氏襃貶，皆春秋諸儒之論，故紀事皆實，而論或未公。公羊不信國史，惟篤信其師說，師所未言，則以意逆之，故所失常多。要之，左氏得諸國史，公、穀得之師承，雖互有得失，不可偏廢。後世有王通者，好爲大言以欺人，乃曰『三傳作而春秋散』，於是啖助、趙匡之徒爭攻三傳，以伸其異說。夫春秋無左傳，則二百四十年盲然如坐闇室之中矣。公、穀二家，卽七十子之徒所傳之大義也。後之學者當信而好之，擇其善而從之，若徒據孟子『盡信書不如無書』之說，力排而痛詆之，吾恐三傳廢而春秋亦隨之而亡也。左氏最有功於春秋，公、穀有功兼有過，學者信其所必不可信，疑其所必無可疑，惑之甚者也。」

其論周禮曰：「禮經出於屋壁，多古字古音。經之義存乎訓，識字審音，乃知其義，故古訓不可改也。康成注經，皆從古讀，蓋字有音義相近而僞者，故讀從之。後世不學，遂謂康成好改字，豈其然乎！康成三禮、何休公羊，多引漢法，以其去古未遠，故借以爲說。賈公彥於鄭注如『飛茅』『扶蘇』『薄借綦』之類，皆不能疏，所讀之字亦不能疏，輒曰從俗讀，甚違『不知蓋闕』之義。夫漢遠於周，而唐又遠於漢，宜其說之不能盡通也，況宋以後乎！周秦諸子，其文雖不盡雅馴，然皆可引爲禮經之證，以其近古也。」

幼時讀廿一史，於天文樂律二志未盡通曉。及官翰林，因新法究推步之原，著交食舉隅二卷，言測日食者先求食限，食限必在兩交，去交近則食，遠則否，有入食限而不食者，未有不入食限而食者也。古法不能定朔，故日食或在晦。說者謂日之食晦朔之閒，月之食惟在望，此知二五而不知十也。日月有平行，有實行，有視行；日月之食亦有實食，有視食。實食者，日月在天相揜之實度；視食者，人在地所見之初虧，食甚復圓也。古術或知求實行，莫知求視行；皆知求平朔，莫知求實朔。故不能定朔者，以此。七政有高卑，故有恆星天，有五星天，有日天，有月天。古人以恆星最高，遂指恆星爲天體；新法於恆星天之外，又有宗動天，合於九重之數。宗動者，七政之所同宗也。沈括謂日月星辰之行，不相觸者，氣而已，此不知曆象者也。如日月有氣而無體，則月焉能揜日哉！日高而月下，五星亦有高下，高下既殊，又焉能相觸乎！春秋「日有食之既」，既者，有繼之辭，非盡也。新法謂之金錢食：日大月小，月不能盡揜日光，故全食之時，其中闕然，而光溢於外，狀若金錢也。

又撰琴遂理數考四卷，其略云：「十二律，黃鍾至小呂爲陽，蕤賓至應鍾爲陰，陽用正而陰用倍，蕤賓長，小呂短，黃鍾中，自古相傳之舊法也。晉永嘉之亂，有司失傳。梁武帝始改舊法，黃鍾長，應鍾短，小呂中，由是陽正陰倍之法絕。漢魏律遂小呂一均之下徵調，黃鍾爲宮，有小呂，無蕤賓，故假用小呂爲變徵，黃鍾遂之黃鍾宮爲正宮，小呂遂之黃鍾宮爲下宮，徵最小而以爲宮，故爲下宮。隋鄭譯遂以黃鍾正宮當之，擅去小呂，用蕤賓，以附會先儒宮濁羽清之說。夫宮濁羽清者，指下徵調而言，譯改爲正宮，是以歷代之樂皆患聲高。隋唐以來，惟奏黃鍾一均，而旋宮之法廢矣。古法盡亡，獨存於琴遂，遂孔疏密，取則琴暉。琴之十二律起於中暉，遂之七音生於宮孔。黃鍾遂從宮孔黃鍾始，一上一下，終於蕤賓；琴自中暉黃鍾始，一左一右，終於十暉。」書成，惟嘉定王進士恪見而喜之，餘莫能解也。

所著有紅豆齋小草詠史樂府，及南中集、采蓴集、歸耕集各一卷，人海集四卷、時術錄一卷。海內學者稱爲紅豆先生。初，研溪先生由東渚郙遷居郡城東南香溪之北，郡城東禪寺有紅豆一株，相傳白鴿禪師所種，老而枯矣。至是時，復生新枝，研溪先生移一枝植堦前，生意郁然；僧睿目存爲繪紅豆新居圖，自題五絕句，又賦紅豆詞十首，和者二百餘人。四方名士過吳門者，必停舟訪焉。因自號紅豆主人。所以鄉人稱研溪先生曰老紅豆先生，半農先生曰紅豆先生，松崖先生曰小紅豆先生。

松崖先生，半農先生之次子也，名棟，字定宇，一字松崖。初爲吳江學生員，復改歸元和籍。自幼篤志向學，家有藏書，日夜講誦，自經、史、諸子、百家、雜說及釋道二藏，靡不穿穴。父友臨川李紱一見奇之，曰：「仲孺有子矣。」學士視學粵東，先生從之任所。粵中高才生蘇珥、羅天尺、何夢瑶、陳海六，時稱惠門四子，常入署講論文藝，與先生爲莫逆交。至於學問該洽，則四子皆自以爲遠不逮也。及學士毀家修城，先生往來京口，饑寒困頓，甚於寒素。遭兩喪，不以貧廢禮。終年課徒自給，甑塵常滿，處之坦如。雅愛典籍，得一善本，傾囊弗惜，或借讀手鈔，校勘精審，於古書之真僞，瞭然若辨黑白。乾隆十五年，詔舉經明行修之士，兩江總督文端公尹繼善、文襄公黃廷桂交章論薦，有「博通經史，學有淵源」之語。會大學士九卿索所著書，未及進而罷歸，然先生於兩公，非有半面識也。年五十後，專心經術，尤邃於易，謂宣尼作十翼，其微言大義，七十子之徒相傳，至漢猶有存者。自王弼興而漢學亡，幸傳其略於李鼎祚集解中。精擘三十年，引伸觸類，始得貫通其旨，乃撰周易述一編，專宗虞仲翔，參以荀鄭諸家之義，約其旨爲注，演其說爲疏，漢學之絕者千有五百餘年，至是而粲然復章矣。書垂成而疾革，遂闕鼎至未濟十五卦，及序卦、雜卦傳二篇。孔氏正義據馬融陸績說，以爻辭爲周公所作，與鄭學異。其所執者，明夷六五云「箕子」，升六四云「王用享於岐山」，皆文王後事也。先生獨能辨之。於明夷之五曰：「箕子當從古文作『其子』，『其』古音『亥』，亦作『其』。劉向云『今易「其子」作「荄茲」』，荀爽據以爲說，讀『其子』爲『荄茲』。『其』與『亥』，『子』與『茲』，文異而音義同。三統術云『該閡于亥』，『孳萌于子』，該亥亦同物也。五本坤也，坤終于亥，乾出于子，用晦而明，明不可息，故云『其子之明夷』。馬融俗儒，不識七十子傳易之大義，讀『其』爲『箕』，蓋涉彖傳而譌。五爲天位，箕子臣也，而當君位，乖於易例甚矣。謬種流傳，兆於西漢。博士施讎讀『其』爲『箕』，蜀人趙賓述孟氏之學，以爲箕子明夷，陰陽氣無箕子，箕子者，萬物方荄茲也。賓據古義以難諸儒，諸儒皆屈，於是施讎梁邱賀皆嫉之。孟喜、讎、賀同事田王孫，喜未貴而學獨高。喜所傳易家候陰陽災變書，得自王孫，而賀惡之，謂無此事。語聞於上，宣帝遂以喜爲改師法，中梁邱之譖也。讎賀嫉喜而並及賓，班固作喜傳，亦用讎賀之單詞，皆非實録。劉向別録猶循孟學，故馬融俗說，荀爽獨知其非，復用賓古義，而晉人鄒湛以漫衍無經譏之。蓋魏晉以後，經師道喪，王肅詆鄭氏而禘郊之義乖，袁準毀蔡服而明堂之制亡，鄒湛譏荀諝而周易之學晦，郢書燕說，一倡百和，何尤乎後世之紛紜也！」於升之四曰：「文王爻辭，皆據夏商之制。春秋引夏書『惟彼陶唐，帥彼天常，有此冀方』，服虔云：『堯居冀州，虞夏因之。』禹貢冀州『治梁及岐』，爾雅云：『梁山，晉望也。』諸侯三望，天子四望，梁山爲晉望，明梁岐皆冀州之望。此王謂夏后氏受命祭告，非文王也。」其說乾之四德曰：「元者，天地之始。說文『元從一』，『道立於一，造分天地，化生萬物』。乾之初九，積善在下，陽之始生，東方爲仁，故云『善之長』。陰陽交而後亨，乾之九二當上升坤五爲天子，故文言再言君德。經凡言亨者，皆謂乾坤交也。乾六爻二四上匪正，坤六爻初三五匪正。乾變坤化，六爻皆正，成兩既濟，故云『各正性命，保合太和』。和卽利，正卽貞也。經凡言利貞者，皆爻當位，或變之正，或剛柔相易。惟既濟一卦，六爻皆正，故云『剛柔正而位當』。襍卦篇所謂『既濟定』也。卦具四德者七，乾坤變化而成兩既濟；屯三爻變，革四爻變，皆成既濟；隨三四易位，成既濟；无妄三四易位，上爻又變而成既濟；臨二升居五位，三爻又變而成既濟：故皆言元亨利貞也。」其論占筮之法曰：「易稱天下之動貞夫一，故卦爻之動，一則正，兩則惑。京氏筮法，一爻變者爲九六，二爻以上變爲八。晉公子得貞屯悔豫皆八，乃三爻變，不稱屯之豫而稱八；穆姜遇艮之八，乃五爻變，不稱艮之隨而稱八：所謂貞夫一也。七者，蓍之數；八者，卦之數。蓍圓而神，卦方以知，神以知來，知以藏往。知來爲卦之未成者，藏往爲卦之已成者，故不曰七而曰八。春秋內外傳無筮得某卦之七者，以七爲蓍之數，未成卦也。」

又因學易而悟明堂之法，撰明堂大道録八卷、禘說二卷。大略謂說卦「帝出乎震」，帝者，五帝也，在太微之中，五德相次以成四時，聖人法之，立明堂爲治天下之大法。明堂有五室四堂，室以祭天，堂以布政。王者承天統物，各於其方以聽事，謂之明堂月令，今所傳月令是也。古之聖人，生有配天之德，

沒有配天之祭　故太皞以下歷代稱㊀禘，太皞以木德，炎帝以火德，黃帝以土德，少皞以金德，顓頊以水德。王者行大享之禮於明堂，謂之禘、祖、宗，其郊則行之南郊。禘、郊、祖、宗四大祭，而總謂之禘者，禘其祖之所自出故也。鄭注大傳「不王不禘」及詩長發「大禘」箋，皆云「郊祀天」，是郊稱禘也。周頌雝序云「禘太祖也」，鄭箋云「太祖謂文王」，是祖稱禘也。劉歆云「大禘則終王」，是宗稱禘也。董子曰：「天地者，先祖之所自出也。」禘者，禘其祖之所自出，故四大祭皆蒙禘名。禘禮上溯遠祖，旁及毀廟，下逮功臣。聖人居天子之位，行配天之祭，推人道以接天，而天神降，地示出，人鬼格，夫然而陰陽和，風雨時，五穀熟，草木茂，羣生咸遂，物無疵癘，所謂既濟定也。先儒皆以明堂上有靈臺，下有辟雍，四門有太學。潁容春秋釋例云：「太廟有八名：肅然清靜，謂之清廟；行禘祫，序昭穆，謂之太廟；告朔行政，謂之明堂；行饗射，養國老，謂之辟雍；占雲物，望氛祥，謂之靈臺；其四門之學，謂之太學；其中室，謂之太室；總謂之宮。」盧植禮記注亦云：「明堂卽太廟，與靈臺、辟雍古法皆同一處，近世殊異，分爲三耳。」而晉時袁準著論非之，昧於古制矣。王者覲諸侯或巡狩四岳，則有方明，方明者，放乎明堂之制也。亦謂之明堂，荀子所謂「築明堂於塞外以朝諸侯」。戰國時，齊有泰山明堂，卽方明也。周書「朝諸侯則於明堂，覲諸侯則設方明」，故虞禋六宗而覲四岳羣牧，周禮方明而覲公侯伯子男。六宗方明，卽明堂六天之神，鄭氏謂天之司盟，非也。自明堂之制不詳，而禘禮亦廢。鄭氏知圜丘方丘之爲禘，而不知爲明堂六帝。王肅又誤據魯禘，改禘爲宗廟之祭，無配天之事，此魏明所以廁漢四百餘年廢無禘祀也。

㊀「稱」，各本俱作「所」。

禘行於明堂，明堂之法本於易。中庸言至誠可以贊化育，與天地參，此明堂配天之義也。又有易漢學七卷，易例二卷，皆推演古義，鍼砭俗說。

於書有古文尚書考二卷，謂孔壁中古文得多十六篇，內有九共九篇，析之爲二十四篇。鄭康成所傳之二十四篇，即孔壁真古文，東晉晚出之二十五篇，與漢書不合，可決其僞，唐人詆鄭所傳爲張霸僞造者妄也。今文泰誓三篇，其略見於太史公書，太史公從安國問故，當可信，唐人尊信晚出之泰誓，而以今文泰誓爲僞，亦非也。

於春秋有左傳補注六卷，自序云：「嘗見鄭康成之周禮、韋宏嗣之國語，純採先儒之說，末乃下以己意，令學者審其異同。杜元凱春秋集解雖根本前修，而不著其說，又其持論閒與諸儒相違，於是樂遜序義、劉炫規過之書出焉。今刺取經傳，附以先世遺聞，宗韋鄭之遺，前修不揜，效樂劉之意，有失必規，而於古今文之同異，辨之尤悉」云。其注「秦穆姬屬賈君」，用唐尚書說，以賈君爲申生妃；「令尹蔿艾獵」，用世本說，爲叔敖之兄；「同盟于亳城北」，用服虔本，證「亳」爲「京」之譌；「塹防門而守之廣里」，用續漢書及京相璠說，以防門廣里爲地名；「吴句餘」，用服虔說，以爲吴子餘祭；「萬者二人」，用吴仁傑說，「二人」當爲「二八」；「臧文仲廢六關」，訓「廢」爲「置」，讀如公羊「廢其有聲者」之「廢」：皆前人所未及道也。又言公羊有嚴顏二家，蔡邕石經所定者，嚴氏春秋也；何邵公所注者，顏氏春秋也。石經公羊末云「桓公二年，顏氏有所見異辭」云云，僖公三十年，顏氏言「君出則己入」，今何本皆有之。又云：「顏氏無『伐而不言圍者，非取邑之辭也』，今何本亦有之。以此知何所注者，顏氏本也。鄭康成注三禮，引隱二年『放於此乎』，隱三年『登戾之』，桓十一年『遷鄭焉而鄙留』，皆與何氏異，與石經同。蓋鄭所據者，嚴氏本也。」又云：「應劭風俗通稱穀梁爲子夏門人，楊士勛謂受經於子夏。按桓譚新論云：『左氏傳世，遺戰國寖微，後百餘年，魯穀梁赤爲春秋，殘略多所違失。』然則穀梁子非親受經於子夏矣。古人親受業者稱弟子，轉相授者稱門人，則穀梁於子夏，猶孟子之於子思，故魏麋信注穀梁，以爲與秦孝公同時也。楊士勛言穀梁作傳，傳孫卿，卿傳魯人申公，申公傳博士江公。按孫卿，齊湣、襄時人，當秦之惠王，則在其後。卿所注書，言天子廟數及賻賵襚含之義，述春秋善胥命，而言盟詛不及三王，諸侯相見，仁者居守，皆本穀梁説。其言傳孫卿，信矣。隱元年傳『成人之美，不成人之惡』，僖二十二年傳『過而不改，是謂之過』，二十三年傳『以不教民戰，則是棄其師』，今皆在論語中。傳所載與儀、禮二記合者尤多。故鄭康成曰：『穀梁，善於經者也。』」

其論論語曰：「宣尼言『述而不作』，於魯論見之。鄉黨一書，半是禮經：堯曰數章，全書訓典。論君臣則人言不廢，譏無恆則南國有言。於善人爲邦，則曰『誠哉是言』；於隱居行義，則曰『吾聞其語』。素絢唐棣，逸詩可誦；百官冢宰，古典可稽。『出門如見大賓，使民如承大祭』，此胥臣多聞之所述也。『視其所以，觀其所由，察其所安』，此文王官人之所記也。『克己復禮』，左氏以爲古志：『己所不欲，勿施於人』，管子以爲古語。見小問篇『參分天下而有其二』，周志之遺文也；今逸周書，即周志也，在程典篇。『陳力就列，不能者止』，周任之遺言也。推此言之，聖人豈空作哉！」

其論爾雅曰：「釋詁、釋訓，乃周公所作，以教成王，故詩稱『古訓是式』。漢時謂之故訓，又謂之詁訓。詁訓者，雅言也。周之古訓，仲山式之；子之雅言，門人記之。俗儒不信㊀爾雅，而仲山之古訓，夫子之雅言，皆不存矣。」

又撰九經古義十六卷，討論古字古音，以博異聞，正俗學。又以范蔚宗後漢書缺略遺誤，范書行而東觀漢記、謝承、薛瑩、司馬彪、華嶠、謝沈、張瑩、袁山松諸家之書皆亡，乃取初學記、藝文類聚、北堂書鈔、太平御覽諸書，作後漢書補注十五卷。所有撰述，如王文簡公精華録訓纂二十四卷，盛行於世，論者以爲過於任淵之注山谷，李壁之注荆公詩焉。周易本義辨證五卷、太上感應篇注二卷，亦經好事刊刻。惟山海經訓纂十八卷、九曜齋筆記二卷、松崖筆記二卷、松崖文鈔二卷，世無刊本。又有諸史會最、竹南漫録，皆未成書。卒於乾隆二十三年戊寅五月，年六十有二。先生晚年，盧運使見曾延至邗上，如雅雨堂十種、山左詩鈔、感舊集，皆先生手定焉。

同時與先生友善者，沈彤、沈大成。大成字學子，號沃田，華亭人，有學福齋集。受業弟子最知名者，余古農、同宗艮庭兩先生，如王光禄鳴盛、錢少詹大昕、戴編修震、王侍郎蘭泉先生，皆執經問難，以師禮事之。錢少詹爲先生作傳，論曰：「宋、元以來，說經之書盈屋充棟。高者蔑棄古訓，自誇心得；下者勦襲人言，以爲己有。儒林之名，徒爲空疏藏拙之地，獨惠氏世守古學，而先生所得尤深，擬諸漢儒，當在何邵公、服子慎之閒，馬融、趙岐輩不能及也。」

㊀「信」，各本俱作「言」。

沈彤

沈彤，字冠雲，一字果堂，吴江縣諸生也。康熙雍正閒，何學士焯以制義倡導學者，四方從游弟子著録者四百餘人。弟子中惟陳季方、陳少章及彤最知名。季方工文詞，少章精史學，彤獨以窮經爲事，核先儒之異同而求其是，爲文章不貴詞藻，抒心自得而已。應博學鴻詞科，以奏賦至夜半不及成詩，不入選。有人薦修三禮及大清一統志，議叙得九品官，恥不仕。遂歸吴江，閉户治經，矻矻終年，羣經皆有撰述，尤邃於禮，著周官禄田考三卷。因歐陽修有周禮官多田少，禄且不給之疑，故詳究周制以與之辨，官爵數、公田數、禄田數三篇，積算特爲精密。又以儀禮古人患其難讀，自唐賈公彦後，惟朱子、李如圭、張淳、黄幹、楊復五人，乃專攻士禮，著有儀禮小疏，惜未成書，惟有士冠禮、士昏禮、公食大夫禮、士喪禮、喪服傳五篇，每篇附以監本刊誤，卷末又附左右異尚考一篇。其説以康成、公彦爲宗，兼采元敖繼公之注，然掊擊君善者十之七，從其説者十之二三耳。彤述作矜慎，不輕意下筆，所著如尚書小疏、春秋左傳小疏，僅有數十則，以視近日士大夫急於成書，蹈鹵莽滅裂之譏者，有霄壤之分矣。其書傳於世者，周官禄田考、儀禮小疏之外，有吴江震澤二縣志、果堂集十二卷。彤老而無子，窮困以卒，得年六十有四。

藩向在京師，有夫己氏問予曰：「叔嫂有服乎，無服乎？」予答之曰：「據禮經，是叔嫂無服也。考奔喪云『無服而爲位者，唯叔嫂及婦人降而無服者麻』，鄭注：『雖無服，猶弔服加麻，袒免，爲位哭也。』則叔嫂之服，弔服加麻，袒免，既葬而除，無所謂大功也。」夫己氏出鄞人萬充宗叔嫂有服辨示予，大笑曰：「子墨守鄭學，知其一而不知其二，豈得爲禮家乎！」充宗之文，因晉成粲之說，而曲解喪服傳「夫之所爲兄弟服，妻降一等」，以證叔嫂之大功，而謂康成不能解，公彦强爲之解。予心知其說之謬，然無以應也。南歸後，讀儀禮小疏曰：「『夫之所爲兄弟服，妻降一等』，鄭於上記注云：『兄弟，猶言族親也。此兄弟同義，故不重出。』賈云：『妻從夫服，其族親卽上經夫之諸祖父母，見於緦麻章，夫之世叔父母，見於大功章。夫之昆弟之子不降，嫂叔又無服，今言從夫降一等，記其不見者，當是夫之從母之類乎！』」彤謂此條總結上經，非專記其不見者。夫之姑姊妹，見於小功章，賈乃遺之。至云從母之類，則有若夫之從祖父母，夫之從父姊妹之類，皆以小功而降爲緦，有若夫之族曾祖父母、族祖父母、族父母，及夫之從祖姑姊妹適人者之類，夫皆爲之緦，妻皆降而無服，並包含於其中矣。從母者，母之女兄弟也，故亦可稱兄弟。此可以發成粲之癥結，息充宗之狂喙矣。且自愧不能潛心尋討傳文及鄭賈之說，至爲夫己氏所折，乃知果堂肆禮之精審如此。嗟乎！先輩之用心縝密，烏可及哉！

余古農先生

先生諱蕭客，字仲林，別字古農，吴縣布衣也。先生生五歲，父幕游粤西不歸，母顔授以四子書五經，夜則課以文選及唐宋人詩古文。年十五，通五經，卽知氣理空言無補經術，思讀漢唐注疏。家貧不能蓄書，有苕溪書棚徐姓識先生，一日詣書棚借左傳注疏，帀月讀畢，歸其書，徐姓訝其速，曰：「子讀之熟矣乎？」曰：「然。」徐手翻一帙，使先生背誦，終卷無誤。徐大駭曰：「子奇人也！」贈以十三經注疏、十七史、説文解字、玉篇、廣韻。於是閉户肆經史，博覽羣書。性癖古籍，聞有異書，必徒步往借，雖僕僕五六十里，不以爲勞也。以郭璞注爾雅用舊注而掩其名，謂之攘善無恥，乃採注疏及太平御覽諸書中犍爲舍人、孫炎、李巡舊注而爲之釋。書未成，先成注雅別鈔八卷，專攻陸佃新義埤雅及羅願爾雅翼之誤，兼及蔡卞毛詩名物解。沈宗伯德潛見其書，折節下交。年二十二，以注雅別鈔就正於松崖先生，先生曰：「陸佃蔡卞乃安石新學，人人知其非，不足辨；羅願非有宋大儒，亦不必辨。子讀書撰著，當務其大者遠者。」先生聞之矍然，遂執贄受業，稱弟子焉。吳縣朱丈文游藏書之富甲於吳門，延先生教讀，館於滋蘭堂中，得徧讀四部之書。又嘗閲道藏於玄妙觀，閲佛藏於南禪寺。居恆手一編弗輟，日不足，則繼之以夜，於是目力虧損，不見一物。有人傳以坐暗室中，目蒙藍布，存想北斗七宿，一年之後，目雖能視，然讀書但能讀大字本而已。直隸總督方恪敏公觀承聞其名，延至保定修畿輔水利志。閒游京師，與朱學士筠河先生、紀文達公昀、胡文恪公高望相友善，咸謂其學在深寧亭林之間。因目疾復作，舉歙戴震以代，遂南歸，以經術教授鄉里，閉目口授，生徒極盛。是時，江震滄孝廉名筠者亦以目疾教讀，時人皆號爲盲先生。同郡以經義詩古文詞相論難者，薛家三先生、汪愛廬先生、彭進士紹升、汪孝廉元亮先生，上下議論，風發泉湧。家三先生曰：「鬼谷子縱横家，舌有鋒鍔，不可當也。」先生狀貌奇偉，頂有二肉角，疏眉大眼，口侈多髯，如軌革，家懸鬼谷子像，故同社中戲呼爲鬼谷子。乾隆年間，詔開四庫館，徵四方名彦充校讎之任，有人以山陰童鈺及先生名達於金壇，因一諸生一布衣，格於例，不果薦。先生貧病交攻，再娶無子。卒年四十有七。其牢騷不平之氣，往往託之美人香草，形於歌詠，哀音微茫，有騷人之遺意焉。

生平著述甚多，爾雅釋、注雅別鈔悔其少作，不以示人。文選音義亦悔少作，然久已刊行，乃別撰文選雜題三十卷。又有選音樓詩拾若干卷。先生深於選學，因名其樓曰選音。疾革之時，以雜題、詩集付弟子朱敬輿，敬輿寶爲枕中祕，以是學者罕知之。惟古經解鉤沈已入四庫經部。當日戴震謂是書有鉤而未沈者，有沈而未鉤者。然沈而未鉤，誠如震言；若曰鉤而未沈，則震之妄言也。今核考其書，豈有是哉！惟皇侃論語義疏，其書出於著鉤沈之後，且爲足利贗鼎，何得謂之鉤而未沈者乎！藩爲先生受業弟子，聞之先生曰：「鉤沈一書，漢、晉、唐三代經注之亡者本欲盡採，因乾隆壬午四月得虛損證，危若朝露，急欲成書，乃取舊稿録成付梓，至今歉然。吾精力衰矣，汝能足成之，亦經籍之幸也。」藩自心喪之後，遭家多故，奔走四方，雨雪載塗，饑寒切體，不能專志壹心，從事編輯。今年已五十，忽忽老矣，歎治生之難，蹈不習之罪，有負師訓，能不悲哉！

江艮庭先生

先生諱聲，本字鱷濤，後改叔澐。其先世居休寧之梅田，後遷蘇州，又遷無錫，復歸吴下，遂爲吴縣人。少與兄震滄孝廉同學，不事帖括。讀尚書，怪古文與今文不類，又怪孔傳庸劣，且甚支離，安國所爲不應若此。年三十五，師事同郡通儒惠松崖徵君，得讀所著古文尚書考及閻若璩古文疏證，乃知古文及孔傳皆晉時人僞作。於是集漢儒之説以注二十九篇，漢注不備，則旁考他書，精研古訓，成尚書集註音疏十二卷，附補誼九條、識僞字一條、尚書集註音疏前後述，外編一卷，尚書經師系表也。經文註疏，皆以古篆書之。疑僞古文者，始於宋之吳才老，朱子以後，吳草廬、郝京山、梅鷟皆不能得其要領。至本朝閻惠兩徵君所著之書，乃能發其作僞之迹，勦竊之原。若刊正經文，疏明古注，則皆未之及也。先生出而集大成，豈非伏、孔、馬、鄭之功臣乎！

其辨泰誓曰：「泰誓，今文古文皆有之，漢儒皆誦習之，馬鄭皆爲之注。自東晉僞古文出，則有泰誓三篇，世無具巨眼人，遂翕然信奉，以爲孔壁古文，因目此爲今文，且反疑其僞，以故寖微而至於亡。顧其遺文記火流穀至之事，且無諸傳記所引之語，故馬融雖爲之注，不能無疑。今姑備錄馬說而辯之。馬融書敘曰：『泰誓後得，案其文，似若淺露。』又云：『八百諸侯不召自來，不期同時，不謀同詞。及火復于上，至于王屋，流爲雕，五至，以穀俱來，舉火神怪，得毋在子所不語中乎！又春秋引泰誓曰「民之所欲，天必從之」；國語引泰誓曰「朕夢協朕卜，襲於休祥，戎商必克」；孟子引泰誓曰「我武惟揚，侵于之疆，則取于殘，殺伐用張，于湯有光」；孫卿引泰誓曰「獨夫紂」；禮記引泰誓曰「予克紂，非予武，惟朕文考無罪；紂克予，非朕文考有罪，惟予小子無良」。今之泰誓，皆無此語。吾見書傳多矣，所引泰誓而不在泰誓者甚多，弗復悉記，略舉五事以明之，亦可知矣。』馬此說具正義。辨之曰：案融之意，以泰誓非伏生所傳，故疑之爾。融獨不見伏生之尚書大傳乎！泰誓『維四月，太子發上祭于畢』云云，大傳既引其文矣，其所以不傳者，蓋生年老，容有遺忘，自所得二十八篇之外，不能記憶其全故爾。大傳引九共曰『予辨下土，使民平平，使民無敖』，引帝告曰『施章乃服明上下』，能錄其片語而不傳其全文，是其不能記憶之明驗也。然則泰誓雖不出於伏生，不得謂非秦火已前伏生所藏之舊文矣。且漢書藝文志云：『尚書古文經四十六卷，爲五十七篇。』計伏生書二十八篇，三分盤庚，則爲三十，加孔氏多出之二十四篇，才五十四，加泰誓三篇，適五十七；無泰誓則不符其數。又李顒集注尚書，於此泰誓輒引孔安國曰，則孔氏古文亦有此篇，安國且作傳矣。而兩漢諸儒備見今文古文者，未嘗疑泰誓有今古文之異。然則今文泰誓同乎古文，又可知矣。融獨以其後得而疑之，則五十四篇惡在其可信邪！若其所稱八百諸侯不期而會，則婁敬說高帝嘗言之矣，司馬子長亦錄其文於本紀矣，不既信而有徵乎！又若火流爲雕，以穀俱來，斯乃符命之應，猶龜書馬圖之屬也。孔子繫易，曰：『河出圖，洛出書，聖人則之。』論語記孔子之言曰：『鳳鳥不至，河不出圖，吾已矣夫。』然則符瑞之徵，聖人且覬幸遇之，而乃以火流穀至爲神怪，謂爲子所不語，豈通論乎！且思文之詩不云乎，『貽我來牟，帝命率育』，即此以穀俱來之謂，融亦將斥詩爲誕乎！不然，詩則信之，書則疑之，進退皆無據矣。融又以書傳所引泰誓甚多，而疑此泰誓皆無有。又案湯誓篇傳自伏生，既又出諸孔壁，今文古文若合符節，而『予小子履敢用玄牡』云云，載於墨子兼愛篇，而湯誓未有其文。故孔安國注論語堯曰篇不敢質言湯誓之文，而云『墨子引湯誓，其詞若此』。又墨子尚賢篇引泰誓曰『聿求元聖，與之戮力同心以治天下』，而湯誓中亦無之。然而謂湯誓有逸文可也，謂湯誓爲僞書則不可。以此相況，泰誓亦猶是耳，夫復奚疑哉！不獨此也，大傳引盤庚曰『若德明哉，湯任父言，卑應言』，引無逸曰『厥兆天子爵』，今盤庚、無逸具在，而皆無是言。經與傳具出於伏生，不應傳錄其文，經反遺其語。然則伏生既傳之後，歐陽、夏侯遞有師承，猶不能無闕逸，況泰誓經灰燼之餘，百年而出，反怪其有遺逸邪！且夫傳記諸書，夫人而見之矣，苟欲僞造，必不敢張空拳以自吐其胸臆，並不敢出神奇以駭人之觀聽，將摭拾典籍以供補綴，依據誼理以爲干城，以求售其欺於後世，如彼僞孔氏之所爲矣，安肯故留此閒隙以滋後人之議哉！蓋惟當時實有其事，史官據事直書而無所顧忌，故有火流穀至之文。逮其後遺文殘闕，傳之者僅守殘編而不敢補緝，故無諸傳記所引之語，斯何足怪乎！季長之說，吾不謂然，故爲此辨。」此又閻惠二君之所未及也。

先生精於小學，以許叔重說文解字爲宗，說文所無之字，必求假借之字以代之。生平不作楷書，即與人往來筆札，皆作古篆，見者訝以爲天書符籙，俗儒往往非笑之，而先生不顧也。嘗著六書說一首，自書勒石。其說轉注，以五百四十部爲建類一首，以凡某之屬皆從某爲同意相受，實前人所未發。又恆星說一卷，文不錄。喜爲北宋人小詞，亦以篆書書之。先生性耿介，不慕榮利。交游如王光祿鳴盛、王侍郎蘭泉先生、畢制軍沅，皆重其品藻，而先生未嘗以私事干之，所以當事益重其人。嘉慶元年，詔開孝廉方正科，江蘇巡撫費公淳首舉先生，賜六品頂帶。卒年七十有八。晚年因性不諧俗，動與時違，取周易艮背之義，自號艮庭，學者稱爲艮庭先生云。

藩少從古農先生學，先生沒後，藩汎濫諸子百家，如涉大海，茫無涯涘，先生教之讀七經三史及許氏說文，乃從先生受惠氏易。讀書有疑義，質之先生，指畫口授，每至漏四下猶講論不已，可謂誨人不倦者矣。子鏐，字貢庭，名諸生。孫沅，字鐵君，優貢生。世傳其學。弟子數十人，元和顧廣圻、長洲徐頲最知名。廣圻字千里，號澗蘋，邑諸生。天資過人，無書不讀，經、史、小學、天文、曆算、輿地之學靡不貫通，又能爲詩古文詞駢體文字，當今海内學者莫之或先也。頲字述卿，嘉慶甲子舉人，乙丑以第二人及第，今官翰林院編修。先生老友中來往親密者，錢宫詹大昕、褚部郎寅亮。宫詹别有傳。

褚寅亮

褚寅亮，字搢升，號鶴侶，一字宗鄭，長洲人也。乾隆十六年，召試舉人，授内閣中書，官至刑部員外郎，與錢宫詹大昕爲同年友。深於經學，從事禮經幾三十年。嘗謂宋人説經，好爲新説，棄古注如土苴；惟儀禮一書爲樸學，空談義理者不能措辭，而晦菴、勉齋、信齋又崇信之，故鄭氏之學未爲異義所汩。至元吴與敖繼公撰集説，雖云採先儒之言，其實自注疏而外，皆自逞私意，專攻鄭氏，學者苦注疏之難讀，而喜其平易，乃盛行於世。蓋君善之意不在解經，而有意與康成立異，特其巧於立言，含而不露，若無意於排擊者，是以入其玄中而不悟。至於説有不通，甚且改竄經文，曲就其義，不幾於無所忌憚乎！著儀禮管見四卷。其説之最精者，如鄉飲酒記「北面者東上」，敖改「東」爲「西」。駁之曰：「注明言統於門，門在東，則不得以西爲上也。」鄉射記「勝者之弟子洗觶升酌，南面坐，奠於豐上，降，袒執弓，反位」，敖以「袒執弓」句爲衍。駁之曰：「勝者之弟子，即射賓中年少者，以是勝黨，故袒執弓，非衍文也。」燕禮「勝觚於賓」，敖改「觚」爲「觶」。駁之曰：「凡獻以爵者酬以觶，燕禮宰夫主獻，既不以爵，則酬亦不以觶矣，安可破觚爲觶乎！」大射儀「以耦左還上射於左」，敖依鄉射改爲「於右」。駁之曰：「上射位在北，下射位在南，鄉射大射所同。但鄉射位在楅西，從楅向西，則北爲右；大射次在楅東，從楅向東，則北爲左。敖比而同之，昧於東西之別矣。」喪服記「公子爲其妻縓冠」，敖改「縓」爲「練」。駁之曰：「練冠之紕亦飾以縓，故閒傳云『練冠縓緣』。就其質言之，曰練冠；就其紕言之，曰縓冠。母重，故言其質，妻輕，故言其紕，非有二也。」士虞禮「明齊溲酒」，敖以「溲酒」爲衍文。駁之曰：「注明言『有酒無醴』，據下文『普薦溲酒』，亦專言酒，不及醴，豈得妄解明齊爲醴，輒删經文乎！」特牲饋食禮「三拜衆賓，衆賓答再拜」，敖改「再」爲「一」。駁之曰：「鄉飲酒衆賓答一拜者，大夫爲主人也；有司徹之答一拜者，大夫爲祭主也。此士禮，安得以彼相例乎！」

寅亮精天文曆算之術，尤長於句股和較相求諸法，作句股廣問三卷。錢少詹著三統術衍，寅亮校正刊本誤字，如「月相求六扐之數」句，「六扐」當作「七扐」；「推閏餘所在，加十得一」句，「加十」當作「加七」。少詹服其精審。早年爲公羊何休之學，撰公羊釋例三十篇，謂三傳惟公羊爲漢學，孔子作春秋，本爲後王制作，嘗議公羊者實違經旨。又因何邵公言禮，有殷制，有時王之制，與周禮不同，作周禮公羊異義二卷。又著十三經筆記十卷、諸史筆記八卷、諸子筆記二卷、名家文集筆記七卷，藏於家。乾隆四十年，以病告歸，五十五年卒。

卷三

王鳴盛　金曰追

王鳴盛，字鳳喈，一字禮堂，别字西莊，嘉定人。生而敏慧，四歲，隨王父讀書丹徒學署，日識數百字，縣令馮詠以神童目之。年十二，爲四書文，才氣浩瀚，已有名家風度。年十七，補諸生，屢試第一，鄉試中副榜，才名藉甚。江蘇巡撫陳文肅公大受，招入蘇州紫陽書院，院長歸安吳大綬、常熟王峻皆賞其才。乾隆十二年鄉試，以五經中式，會試不第，客游蘇州。時沈文慤公德濳以禮部侍郎致仕，海内英雋之士皆出其門下。與王侍郎蘭泉先生、錢少詹大昕、吳内翰企晉及曹仁虎、趙文哲、黄文蓮相倡和，文慤以爲不下嘉靖七子。又與惠松崖徵君講經義，知詁訓必以漢儒爲宗。精研尚書，久之，乃信東晉之古文固僞，而馬鄭所注，實孔壁之古文也。東晉所獻之泰誓固僞，而唐人所斥爲僞泰誓者實非僞也。古文之真僞辨而尚書二十九篇粲然具在，知所從事矣。十九年莊培因榜，以第二人及第，授編修，公卿争以禮致之。刑部侍郎秦蕙田修五禮通考，屬以分修，尤見重於掌院學士蔣文恪公溥。二十三年，天子親試翰詹諸臣，特置一等一名，擢侍講學士，充日講起居注官。明年，充福建正考官，未蔵事，即有内閣學士兼禮部侍郎之命，還京。有御史論其馳驛濫用驛馬，罣吏議，左遷光禄寺卿。尋丁内艱歸，遂不復出，卜居蘇州閶門外，不與當事通，亦不與朝貴接。家本寒素，賣文諛墓以自給，餘則一介不取也。閉户讀書，日夕探討。嘗謂漢儒説經必守家法，亦云師法，自唐貞觀撰諸經義疏而家法亡，宋元豐以新義取士而漢學殆絶。今好古之士皆知崇注疏矣，然經注惟詩、三禮及公羊傳猶是漢人家法，餘經則出於魏晉，未爲醇備。故所撰尚書後案以鄭馬爲主，不得已閒採僞孔、王肅，而唐宋諸儒之説，概不取焉。又撰十七史商榷一百卷，主於校勘本文，補正譌脱，審事迹之虚實，辨紀傳之異同，最詳於輿地、職官、典章、制度，獨不喜褒貶人物，以爲空言無益也。又有蛾術編一百卷，其目有十：説録、説字、説地、説制、説人、説物、説集、説刻、説通、説系。其書辨博詳明，與洪容齋王深寧不相上下。詩宗盛唐，中年出入於香山東坡，晚年獨愛玉谿生，謂少陵以後一人。手定詩集二十四卷，古文若干卷。老年因讀書窮日夜不輟，目遂瞽，有吴興醫鍼之而愈，著書如常，乃自號西沚。卒年七十有八。

藩十六歲時，著爾雅正字，光禄在艮庭先生家見此書，囑艮庭先生招藩往謁，奬賞不去口。嘗謂藩曰：「予門下士以金子璞園爲第一。予近日得見好學深思之士，惟子及李子賡芸、費子士璣三人而已。」璞園名曰追，嘉定諸生，閉門校書，不求聞達，十三經皆有校本，而儀禮尤精，著有儀禮正譌十七卷行於世。士璣，吴江人，嘉慶戊午科舉人，治漢易。李賡芸，號許齋，嘉定人，深於小學，乾隆庚戌成進士，今官浙江嘉興府知府。

錢大昕　錢塘　錢坫

錢大昕，字曉徵，一字辛楣，又號竹汀。先世自常熟徙居嘉定，遂爲嘉定人。生而穎悟，讀書十行俱下。年十五，爲諸生，有神童之目。時紫陽書院院長王侍御峻詢嘉定人材於王光禄西沚，以先生對。先生，西沚之妹壻也。侍御告之巡撫雅蔚，文檄召至院中，試以周禮、文獻通考兩論，下筆千言，悉中典要，侍御歎爲奇才。乾隆十六年，高宗純皇帝南巡，獻賦行在，召試舉人，以内閣中書補用。在京師與同年長洲褚寅亮、全椒吴朗講明九章算學，及歐羅巴測量弧三角諸法。時禮部尚書大興何翰如久領欽天監事，精於推步，時來内閣與先生論李氏、薛氏、梅氏及西人利瑪竇、湯若望、南懷仁諸家之術，翰如遜謝，以爲不及也。

先是，在吴門時，與元和惠定宇、吴江沈冠雲兩徵君游，乃精研古經義聲音訓詁之學，旁及壬遁太乙星命，靡不博綜而深究焉。乾隆十九年莊培因榜，成進士，散館，授編修。二十三年大考翰林，以二等一名擢右贊善，尋遷侍讀。二十八年，又以大考一等三名擢侍講學士，充日講起居注官。三十七年，改補侍讀學士。其年冬，擢詹事府少詹事。純皇帝深知爲績學之士，官侍讀學士時即命入直上書房，授皇十二子書。又奉敕修熱河志、續文獻通考、續通志、一統志、天球圖，皆預纂修之列。己卯、壬午、乙酉、甲午，充山東、湖南、浙江、河南主考官。庚辰、丙戌，充會試同考官。主考河南之年，授廣東學政。明年夏，以丁外艱歸。先生淡於名利，慕邴曼容之爲人，嘗謂官至四品，可以歸田，故奉諱家居之後，即引疾不出矣。嘉慶四年，今上親政，垂詢大昕家居狀，朝貴寓書敦勸還朝，婉言謝之。嘉慶九年十月二十日，卒於紫陽書院，年七十有七。

先生深於經史之學，其論易先天後天之說曰：「說卦傳，孔子所作，其言曰『震東方，巽東南，離南方，乾西北，坎正北，艮東北』，惟不見坤兑二方。兑爲正秋，則必正西方矣；坤介於離兑之閒，亦必位西南矣。伏羲畫卦以來，蓋已有之。伏羲以木德王，而傳稱帝出乎震，是震東、巽東南之位，必出於伏羲，不當別有方位也。漢唐以前，儒家與方士均未有言先天圖者，宋初，方士始言之，而儒家尊信其說，欲取以駕乎文王孔子之上，毋乃好奇而誣聖人乎！天地水火，雷風山澤，各自相對，本無方位之可言，後儒援『天地定位』四語，傅會先天之說，尤爲非是。夫天高而尊，地下而卑，古今不易之位也。地勢北高而南下，君位北而南面，臣位南而北面，信如乾南坤北之說，上下顛倒甚矣，安得云定位乎！」

論虞氏之卦之說曰：「之卦，即變卦也。虞仲翔說易，專取旁通，與之卦旁通者，乾與坤，坎與離，艮與兑，震與巽，交相變也。之卦則以兩爻交易而得一卦。乾坤者，諸卦之宗，復、臨、泰、大壯、夬，陽息卦，姤、遯、否、觀、剝，陰消卦，皆自乾坤來，而諸卦又生于消息卦。三陰三陽之卦，自泰來者九：恆，初四易也；井，初五易也；蠱，初上易也；豐，二四易也；既濟，二五易也；賁，二上易也；歸妹，三四易也；節，三五易也；損，三上易也。自否來者九：益，初四易也；噬嗑，初五易也；隨，初上易也；渙，二四易也；未濟，二五易也；困，二上易也；漸，三四易也；旅，三五易也；咸，三上易也。二陰二陽之卦，自臨來者四：升，初三易也；解，初四易也；明夷，二三易也；震，二四易也。自遯來者四：无妄，初三易也；家人，初四易也；訟，二三易也；巽，二四易也。自大壯來者四：大畜，上四易也；睽，上三易也；需，五四易也；兑，五三易也。自觀來者四：萃，上四易也；蹇，上三易也；晉，五四易也；艮，五三易也。臨二之五爲屯，觀上之初亦爲屯；臨初之上爲蒙，觀五之二亦爲蒙。故不從自臨觀來之例，於屯曰坎二之初，於蒙曰艮三之二也。遯二之五爲鼎，大壯上之初亦爲鼎；遯初之上爲革，大壯五之二亦爲革。於例不當從遯大壯來，而仲翔於鼎曰大壯上之初，於革曰遯初之上，失其義矣。愚謂鼎蓋離二之初，革蓋兑三之二也。臨初之五爲坎，觀上之二亦爲坎；遯初之五爲離，大壯上之二亦爲離；臨二之上爲頤，觀五之初亦爲頤；遯二之上爲大過，大壯五之初亦爲大過。此四卦亦不得從臨、觀、遯、大壯來之例，中孚小過二卦，則非臨、觀、遯、大壯所能變。且頤、大過、中孚、小過與坎、離、乾、坤，皆反覆不衰之卦，故別自爲例，於頤曰晉四之初，於大過曰訟三之上，於中孚曰訟四之初，於小過曰晉三之上。而仲翔於大過仍取大壯五之初，於頤兼取臨二之上，又於坎云觀上之二，於離云遯初之五，皆自紊其例也。一陰一陽之卦，仲翔説易未及之。今依其例，理而董之，則復初之二爲師，初之三爲謙；剥上之五爲比，上之四爲豫；姤初之二爲同人，初之三爲履；夬上之五爲大有，上之四爲小畜。每卦當各生二卦也。而仲翔於謙云剥上之三，蔡君謨説於豫云復初之四，於比云師二之五，此別取兩象易爲義。其注大畜云萃五之二成㊀臨，於豐云噬嗑上之三，於旅云賁初之四，亦兩象易也。睽本大壯上之三，而仲翔注繫辭『蓋取諸睽』，又云無妄五之二，亦自紊其例也。」

論鄭爻辰之例曰：「鄭氏爻辰之例，初九辰在子。頤初云『舍爾靈龜』，子爲天黿，龜者，黿屬也。同人初云『同人于門』，隨初云『出門交有功』，節初云『不出户庭』，子上直危，危爲蓋屋，故有門户之象。節

㊀「成」，原作「咸」，據潛研堂文集改。

九二『不出門庭』，二亦據初，故云門也。明夷初云『三日不食』，子爲玄枵，虛中也，故有不食之象。九二辰在寅，泰二云『用馮河』，寅上直天漢，雲漢，天河也。九三辰在辰，大壯三云『羸其角』，辰上直角也。九五辰在申，萃五云『大人虎變』，申上直參，參爲白虎也。上九辰在戌，睽上云『見豕負塗』，戌上直奎，奎爲封豕也。初六辰在未，小過初云『飛鳥以凶』，未爲鶉首也。六三辰在亥，上直營室，營室爲清廟，萃渙之象辭皆云『王假有廟』，謂六三也。六四辰在丑，大畜四云『童牛之牿』，丑上直牽牛也。上六辰在巳，小過上云『飛鳥離之』，巳爲鶉尾也。小過六爻，惟初上有飛鳥之象，此其義也。解上云『公用射隼』，巳上直翼，翼爲羽翮，有隼象也。此皆可以爻辰求之者也。康成初習京氏易，後從馬季長授費氏易，費氏有周易分野一書，其爻辰之法所從出乎？」

論孔壁書增多二十四篇，康成既親見之，何以不爲之注？曰：「漢儒無無師之學。古文尚書初得之屋壁，未有能通之者，孔安國始以今文讀之，而成孔氏之學。然安國非能自造也，亦由先通伏生書，古今文本不相遠，以此證彼，易於闓闡，惟文義不能相通者，乃別爲之說，以名其學。若增多之書，既無今文可相參攷，雖亦寫定，而不爲訓詁，故馬季長云『逸十六篇絕無師說』也。自安國以及衞、賈、馬諸君，皆未有說此逸篇者，康成又何能以無徵不信之說著於竹帛乎！即如禮，古經五十六篇，鄭亦親見之，其注儀禮，多以古文參定，而不注增多之三十九篇，亦以無師說故也。左氏得劉子駿創通大義，故流傳至今。而逸書、逸禮無師說，故皆亡於永嘉，自東晉古文出，乃有安國承詔爲五十八篇作傳之語。夫使安國果爲逸篇作傳，則都尉朝、庸生輩必兼受之，何以馬鄭以前傳古文者皆止二十九篇已哉！朱文公疑康成不解逸禮三十九篇，予向亦未喻其故，今因論古文逸篇而並悟及之。」

論詩毛傳多轉音曰：「古人音隨義轉，故字或數音。小旻『謀夫孔多，是用不集』，與『猶』『咎』爲韻，韓詩『集』作『就』，於音爲協。毛公雖不破字，而訓『集』爲『就』，卽是讀如『就』音。書顧命『克達殷，集大命』，漢石經『集』作『就』。吴越春秋『子不聞河上之歌乎：同病相憐，同憂相救。驚翔之鳥，相隨而集，瀨下之水，回復俱留』，是『集』有『就』音也。瞻卬『藐藐昊天，無不克鞏』，傳訓『鞏』爲『固』，卽轉從『固』音，與下句『後』爲韻也。載芟『匪且有且』，傳訓『且』爲『此』，卽轉從『此』音，與下句『茲』爲韻也。顧亭林泥於一字祇有一音，遂謂詩有無韻之句，是不然矣。溱、洧之『溱』，本當作『潧』，説文『潧水出鄭國』，引詩『潧與洧，方涣涣兮』是也。今毛詩作『溱』者，讀『潧』如『溱』以諧韻耳。『溱』卽『潧』之轉音，不可謂詩失韻，亦不可據詩以疑説文也。魯頌『烝徒增增』，傳云『增增，衆也』，本爾雅釋訓文。而小雅『室家溱溱』，傳亦云『溱溱，衆也』。『潧』『溱』聲相近，轉『潧』爲『溱』，亦以諧韻，與『潧洧』作『溱洧』同。」

論春秋曰：「孟子言『孔子成春秋而亂臣賊子懼』，愚嘗疑之。將謂當時之亂賊懼乎，則趙盾、崔杼之倫，史臣固已直筆書之，不待春秋也。將謂後代之亂賊懼乎，則春秋以後，亂賊仍不絶於史册，吾未見其能懼也。孟氏之言，毋乃大而夸乎！然孟子固言『春秋者，天子之事也』，述王道以爲後王法，防其未然，非刺其已然也。太史公曰：『撥亂世，反之正，莫近乎春秋。』又曰：『有國家者不可以不知春秋，前有讒而弗見，後有賊而不知。爲人臣子者不可以不知春秋，守經事而不知其宜，遭變事而不知其權。』春秋之法行而亂臣賊子無所容其身，故曰懼也。凡篡弑之事必有其漸，聖人隨事爲之杜其漸。隱之弑也，於翬帥師戒之；子般之殺也，於公子慶父帥師伐於餘邱戒之。此大夫不得專兵柄之義也。尹氏立王子朝，在昭公之世，而書尹氏卒於隱之策；崔杼弒君在襄公之世，而書崔氏奔衞於宣之策。此卿不得世之義也。齊侯使其弟年來聘，再見於春秋，爲無知之弒君張本也。母弟雖親，不可使踰其分也。趙穿弒君，而以趙盾主惡名，穿之弒由於盾也。胥甲父與穿同罪，盾於甲父則放之，於穿不惟不放，且使之帥師侵崇，盾尚得辭其罪乎！侵崇小事，不必書而書之，所以正盾之罪，且不使穿得漏網也。鄭公子宋弒君，而以歸生主惡名，歸生正卿，且嘗帥師敗華元矣，力足以制宋而從宋之逆，較之趙盾，又有甚焉，不得託於本無逆謀也。楚公子比之弒君，棄疾成之，而比獨主惡名者，奸君位也。而棄疾之惡終不可掩，故以相殺爲文，著其罪同。然比與棄疾皆楚靈之弟，靈逐比而任棄疾，卒死於二人之手。先書比奔晉，又書棄疾帥師圍蔡，明君之昆弟不可以愛憎爲予奪也。衞孫寧出其君，而以出奔爲文，衎有失國之道也。貶衎，則嫌於獎剽，故先書公孫剽來聘以見義，公孫而干正統，其罪不可掩也。楚商臣、蔡般之弒，子不子，父亦不父也。許止不嘗藥，非大惡，而特書弒以明孝子之義，非由君有失德。故楚蔡之君不書葬而許獨書葬，所以責楚蔡二君之不能正家也。楚成之事與晉獻略同，子孝則爲申生，子不孝則爲商臣，而晉亦尋有奚齊與卓之弒，未有家不齊而國治者也。故晉獻之卒亦不書葬也。書閽弒吳子餘祭，戒人君之近刑人也。書盜弒蔡侯申，戒人君之疏大臣而近小人也。欒盈之入曲沃，趙鞅之入晉陽，書之以戒大都耦國之漸，人臣不可專其私邑也。楚子虔弒於乾谿，書其地，著役之久也。君親出師，久而不歸，禍之不旋踵宜矣。楚之强莫强於虔，伐吳，執慶封，滅賴，滅陳，滅蔡，史不絕書，而無救於弒者，無德而有功，天所惡也。宋襄公用鄫子㊀，楚靈王用蔡世子，皆特書之，惡其不仁也，且以徵二君之强死，非不幸也。宋公與夷、齊侯光、楚子虔，以好戰而弑，晉侯州蒲以誅戮大臣而弑，經皆先文以見義，所以爲有國家者戒，至深切矣。左氏傳曰：『凡弑君稱君，君無道也；稱臣，臣之罪也。』後儒多以斯語爲詬病。愚謂君誠有道，何至於弑；遇弑者，皆無道之君也。其賊之有主名者，書名以著臣之罪；其微者不書，不足書也；無主名者亦闕而不書，史之慎也，非恕臣之罪也。聖人修春秋，述王道以戒後世，俾其君爲有道之君，正心修身，齊家治國，各得其所，又何亂臣賊子之有！若夫篡弑已成，據事而書之，良史之職耳，非所謂其義則竊取之者也。秦漢以後，亂賊不絶於史，由上之人無以春秋之義見諸行事故爾。故曰：惟孟子能知春秋。」

論婦人七出之説曰：「七出之文，先王所以扶陽抑陰，而家道所以不至於窮而乖也。夫父子兄弟，以天合者也；夫婦，以人合者也。以天合者，無所逃於天地之間；而以人合者，可制以去就之義。堯舜之道不外乎孝弟，而孝弟之衰自各私其妻始。妻之於夫，其初固路人也，以室家之恩聯之，其情易親，至於夫之父母，夫之兄弟姊妹，夫之兄弟之妻，皆路人也，非有一日之恩，第推夫之親以親之，其情固已不相屬矣。况婦人之性，貪而吝，柔而狠，而築里姑姊之倫，亦婦人也，同居而志不相得，往往有之，其真能安於義命者，十不得一也。先王設爲可去之義，義合則留，不合則去，俾能執婦道者可守從一之貞，否則寧割伉儷之愛，勿傷骨肉之恩。故嫁曰歸，出亦曰歸。以此坊民，恐其孝衰於妻子也。然則聖

㊀「子」字據文義增。

人於女子，抑之不已甚乎？曰：去婦之義，非徒以全丈夫，亦所以保匹婦。後世閭里之婦，失愛於舅姑，讒閒於叔妹，抑鬱而死者有之；或其夫淫酗凶悍，寵溺嬖媵，淩迫而死者有之。準之古禮，固有可去之義，亦何必束縛之，禁錮之，置之必死之地以爲快乎！先儒戒寡婦之再嫁，以謂餓死事小，失節事大。予謂全一女子之名，其事小；得罪於父母兄弟，其事大。故父母兄弟不可乖，而妻則可去，去而更嫁，不謂之失節。使其過在婦歟，不合而嫁，嫁而仍窮，自作之孽不可逭也；使其過不在婦歟，出而嫁於鄉里，猶不失爲善婦，不必强而留之，使夫婦之道苦也。自七出之法不行而牝雞之司晨日熾，夫之制於婦者隱忍而不能去，甚至於破家絶嗣。而有司之斷斯獄者，猶欲合之。知女子不可事二夫，而不知失婦道者雖事一夫，未可以言烈也；知臣之不可事二君，而不知失臣節者雖事一君，未可以言忠也。此未諭先王制禮之意也。」

論性與天道之說曰：「經典言天道者，皆以吉凶禍福言。易『天道虧盈而益謙』；春秋傳『天道多在西北』，『天道遠，人道邇』，『吾非瞽史，焉知天道』；古文尚書『滿招損，謙受益，時乃天道』，『天道福善禍淫』；史記『天道無親，常與善人』：皆此道也。鄭康成注論語曰『天道，七政變通之占』，與易、春秋義正同。孟子云『聖人之於天道也』，亦謂吉凶陰陽之道，聖人有所不知，故曰命也；否則，性與天道又何別焉！一說：性與天道，猶言性與天合也。後漢書馮異傳：『臣伏自思惟，以詔勑戰攻，每輒如意；時以私心斷決，未嘗不有悔。國家獨見之明，久而益遠，乃知性與天道不可得而聞也。』管輅列傳：『苟非性與天道，何由背爻象而任心胸。』晉書紀瞻傳：『陛下性與天道，猶復役機神於史籍。』此亦漢儒相承之說，而何平叔俱不取。」

論孟子「決汝漢，排淮泗而注之江」，先儒以爲記者之誤曰：「漢儒趙邠卿注孟子，於此文未嘗致疑，宋以後儒乃疑之。予謂孟子長於詩書，豈不知㊀讀禹貢！且生於鄒嶧，淮泗之下流近在數百里之閒，何至有誤！蓋天下之水莫大於海，而江卽次之，故老子以江海爲百谷王。南條之水皆先入江，後入海，世徒知毘陵爲江入海之口，不知朐山以南餘姚以北之海，皆江之委也。漢水入江二千餘里，而尚有北江之名，淮口距江口僅五百里，其爲江之下流何疑！禹貢云『沿於江海，達於淮泗』，此卽淮泗注江之證，注江者會江以注海，與導水之文初不相悖也。說文云：『江水至會稽山陰爲浙江。』浙江者，漸江也。漸江與江水不同源，而得名江者，源異而委同也。國語『吳之與越，三江環之』，韋昭以爲吳松江、錢塘江、浦陽江也。錢塘江卽浙江，吳松浦陽亦注江而後注海，故皆有江之名。漢儒去古未遠，其言江之下流，不專指毘陵一處，如知會稽山陰亦爲江水所至，則無疑乎淮泗注江之文矣。」

此先生說經之大畧也。至於辨文字之詁訓，考古今之音韻，以及天文輿地，草木蟲魚，散見於文集、十駕齋養新録者，不下數萬言，文多不載。嘗謂自惠戴之學盛行於世，天下學者但治古經，略涉三史，三史以下茫然不知，得謂之通儒乎！所著二十二史考異，蓋有爲而作也。又謂史之蕪陋，未有甚於元史者。顧寧人謂食貨選舉二志皆案牘之文。朱錫鬯謂列傳既有速不台矣，而又有雪不台；既有完者都矣，而又有完者拔都；既有石抹也先矣，而又有石抹阿辛；阿塔赤、忽剌出兩人既附書於杭忽思、直脫

㊀「知」，各本俱作「能」。

兒之傳矣，而又別爲立傳：皆乖謬之甚者。金華烏傷二公本非史才，所選史官又皆草澤迂生，不諳掌故，於蒙古語言文字，素所未習，所以動筆卽譌。卽假以時日，猶不免穢史之譏，況成書之期又不及一歲乎！如太祖功臣，首推四傑，而赤老温之傳獨缺。世尚公主者，魯、昌、趙、鄆最著，而鄆國之傳亦缺。塔察兒、和禮霍孫，至元之良臣，旭邁傑、倒剌沙，泰定之元輔，而史皆失其傳。禮樂兵刑諸志皆缺順帝一朝之事，地理志載順帝事僅二條，餘亦缺漏。列傳之重複者，如昂吉兒已附於也蒲甘卜傳，而又別有昂吉兒傳；重喜已附於塔不已兒傳，而又別有重喜傳；阿朮魯已附於懷都傳，而又別有阿朮魯傳；譚澄已附其父資榮傳，而又別有譚澄傳：此又朱氏所未及糾者也。其他事迹舛誤，如仁宗莊懿皇后卒於仁宗朝，未嘗尊爲皇太后；吾也而圍益都，從木華黎之弟帶孫，非從木華黎；張子良來歸元帥察罕，非因阿朮；段直爲深州長官，在太祖朝，非世祖朝：此皆謬戾之顯然。因搜羅元人詩文集、小說、筆記、金石、碑版，重修元史；後恐有違功令，改爲元詩紀事。

生平著述傳於世者，潛研堂文集五十卷、詩集廿卷、二十二史攷異一百卷、潛研堂金石文跋尾（元集六卷、亨集七卷、利集六卷、貞集六卷）、十駕齋養新録二十卷、養新餘録三卷、日記鈔四卷、補元史氏族表三卷、元詩紀事、補元史藝文志六卷。先生不專治一經而無經不通，不專攻一藝而無藝不精。經史之外，如唐、宋、元、明詩文集、小說、筆記，自秦漢及宋元金石文字，皇朝典章制度，滿洲蒙古氏族，皆研精究理，不習盡工。古人云「經目而諷於口，過耳而諳於心」，先生有焉。戴編修震嘗謂人曰：「當代學者，吾以曉徵爲第二人。」蓋東原毅然以第一人自居。然東原之學，以肄經爲宗，不讀漢以後書，若先生學究天人，博綜羣籍，自開國以來，蔚然一代儒宗也。以漢儒擬之，在高密之下，卽賈逵服虔亦瞠乎後矣，況不及賈服者哉！

先生之弟大昭，從子塘、坫、東垣、繹、侗，子東壁、東塾，一門羣從皆治古學，能文章，可謂東南之望矣。大昭字晦之，一字竹廬。淹貫經史，著書滿家，刊行者，惟後漢書補表八卷而已。嘉慶元年，應孝廉方正科，賜六品頂戴。東垣舉人，繹、侗、東壁、東塾皆諸生。

塘字學淵，一字禹美，爲諸生時，與諸殿掄、汪紉青、王鶴谿、王耿仲相倡和，爲古今體詩，爲王光祿西莊、王侍郎蘭泉先生所激賞。塘慊然不足，不欲以詩名。及選拔入成均，試歸，肆力於經史之學。乾隆四十四年，舉江南鄉試。明年汪如洋榜成進士，需次當得知縣，自以不習吏事，就教職，選授江寧府學教授。公務多暇，專志撰述，於聲音、文字、律呂、推步之學尤有神解，著律呂考文六卷。又著史記三書釋疑，於律曆天官家言，皆究其原本，而以他書疏通證明之。律書「上九，商八，羽七，角六，宮五，徵九」數語，注家皆不能曉，小司馬疑其數錯，塘據淮南子、太玄經證之，始信其確不可易。又以淮南天文訓一篇多周官馮相保章遺法，高氏注闕略，罕所證明，作補注三卷以闡其旨。晚年讀春秋左氏經傳，精心有得，作古義若干卷以補杜氏之闕，且糾其謬。其所作古文曰述古編，四卷。皆行於世。卒年五十有六。

坫字獻之，少而穎敏，有過人之資。精於小學，游京師，朱笥河先生延爲上客。乾隆甲午，中副榜，遂至關中，在畢巡撫沅幕中，與歙方子雲、陽湖洪亮吉、孫星衍討論訓詁輿地之學。後就職州判，監修陝西城，授乾州州判，得末疾歸，卒於蘇州。著有詩音表一卷、車制考一卷、論語後録五卷、十經文字通正書十四卷、新斠注地理志十六卷。獻之工於小篆，不在李陽冰、徐鉉之下。晚年，右體偏枯，左手作篆，尤精，世人藏弆其書如拱璧云。嘗注史記，詳於音訓及郡縣沿革，山川所在。兵部侍郎松筠爲陝甘總督時，重其學品，親至卧榻問疾，索未刊著述。獻之以史記注付公，泣曰：「坫疾不起矣。三十年精力盡於此書，惟明公憐之，勿使蠟以覆車焉㊀！」是時侍郎有伊犁將軍之命，曰：「塞外不能事剞劂，當録一副本，原稿必寄子也。」後江都韋佩金書城爲廣西淩雲縣知縣，獲譴謫塞外，戍滿南還，公知書城與獻之同舉於鄉，以原稿囑書城付獻之。獻之捧書泣曰：「我不能復見公矣！」至公爲兩江總督時，獻之先四年死，而書城亦化爲異物，公皆賙恤其家。嗟乎！當今士大夫能謙益下士，故舊不遺如公者，有幾人哉！

㊀「焉」，原作「馬」，各本俱作「焉」，據改。

卷四

王蘭泉先生

袁廷檮

先生諱昶，字德甫，號述菴，一字蘭泉，又字琴德。其先世居浙江之蘭溪，高祖懋忠始遷江南松江府青浦縣西珠街角鎮，遂爲青浦人。考士毅，字鴻遠，年四十五無子，禱於杭州靈隱寺，夢人贈以蘭。明日市蘭歸，逾兩旬，蘭茁兩枝：一出土即隕；其一長尺有六寸，森森若巨竹狀。及夏，紫燕棲於楹，同巢異穴。至冬，陸太夫人孕男不育，而錢太夫人生先生，咸以爲蘭徵燕兆也。先生生而開敏，四五歲時，能背誦周伯弜三體唐詩，爲人演説楊用修廿一史彈詞，娓娓不倦。年十八，應學使試，以第一人學。是年，得韓柳文集、歸震川集、張炎山中白雲詞，讀而愛之，乃肆力於古文詞。年二十一，丁外艱，先生侍疾日久，哀勞毁瘠，居喪讀禮，不作詩文。服闋，游吴中，蔣恭棐楊繩武見先生詩文，謂宋文憲以後一人也。肆業紫陽書院，時從惠徵君定宇游，於是潛心經術，講求聲音訓詁之學。是時沈尚書歸愚爲院長，選先生及王光禄鳳喈、吴舍人企晉、錢少詹曉徵、贈光禄寺少卿趙升之、曹學士來殷、上海黃芳亭、泌陽令文蓮七人詩，稱爲吴中七子。流傳日本大學，頭默真迦見而心折，附番舶上書於沈尚書，又每人各寄相憶詩一首，一時傳爲藝林盛事。乾隆十八年，癸酉，鄉試中式。十九年，甲戌，成進士，歸班候選，秦尚書蕙田延先生修五禮通考。明年，游山左歸，陸太夫人病逝，哭泣盡禮。兩淮鹽運使盧見曾聘先生課其子及孫，與程編修午橋、馬同知曰琯、弟徵君曰璐、汪部曹棣、張貢生四科爲文酒之會。二十二年，高宗純皇帝南巡，獻賦行在，欽定一等第一，授內閣中書。是歲，仍留揚州，盧運使屬撰紅橋小志以記篠園平山堂亭榭花木之勝。明年，入都供職，溧陽、南沙、薌林三公皆以國士待之。二十二年，授刑部山東司主事，充方略館收掌官。三十一年，授刑部浙江司員外。三十二年，陞刑部江西司郎中。三十三年，兩淮運使提行事發，先生與趙文哲坐言語不密罷職。

時緬甸未靖，詔以伊犁將軍文成公阿桂爲兵部尚書、定邊右副將軍，總督雲南貴州。文成，文勤公阿克敦子也。文勤爲先生殿試讀卷師，是以知先生學問經濟，請以從，詔許之。三十四年，文成出萬仞關，住騰越。頃之，得旨命大學士忠勇公傅恆爲經略，緬酋懵駁乞降。經略屬先生草檄諭懵駁，允其降。三十六年，文成罷，用理藩院尚書温福代之，奏留先生佐籌善後事。會四川小金川土司澤旺之子僧格桑指沃日呪詛，發兵佔其地，又侵據明正土司濃等寨；而金川應襲土司索諾木亦併革什咱，殺其土司。上命温福移師赴四川，奏請以先生行，奉旨賞給主事，隨往四川軍營辦事，旋授吏部考功司主事。僧格桑遣人訴沃日詛害狀，先生作檄斥其罪。大兵進討，克斑斕山，破斯當安，進攻日耳寨。三十七年，參贊大臣五岱與温福訐訟，詔罷五岱，命文成往北山木雅斯底代統其衆。先生從文成督兵，緣山而下，築卡斷賊路。時南路總督桂林統兵次達烏，久不能克，乃以兵三千遣參將薛綜從墨龍溝經郭舟山出賊後，爲夾攻之策。既行，大雨雪，兵無繼者。金川賊由格六古來援，綜援絕糧盡，全軍皆沒。上削桂林職，趣文成督南路兵，文成奏請以先生從。先生因兵至達烏久不攻戰，賊必無備，乃建策潛師襲之，於十一月四日子刻潛師渡溪，遂據達烏，翁古爾壟之賊亦震駭無守志，破其栅，克美諾，僧格桑遁入金川。

先是，文成奏先生係獨子，母年七十餘，深明大義，勖以殫心軍事。今從軍已五年矣，請量加拔擢。至是，得旨以吏部員外郎陞用。大兵進討金川，議分三路：温福與參贊哈國興由空喀；文成與參贊明亮由當噶；兵部尚書果毅公豐昇額與參贊舒常往綽斯甲，由日傍、俄坡。未幾，哈國興病没，奉旨以海蘭察代之。三十八年，從師由美諾進發，次當噶山，攻克西山峯，又克兩大碉；而將軍温福自空喀移兵木果木，攻戰失利。賊煽小金川人盡反其地，先侵登達、占固，提督董天弼赴水死，遂分寇登春、八卦碉。海蘭察奪隘出，兵潰，温福死焉。六月十日也。金川既得美諾，率衆犯當噶，參將劉輝祖率一百四十餘人拒戰，自亥至寅，殺賊二百人，而領隊大臣奎林於色木則隘口拒賊，日十餘接。賊死者甚衆，畏當噶兵，乞降。文成知當噶不可守，姑從其請，徹師至翁古爾壟㊀，奏「沃日乃進討大路，請往視師」，乃西行。是時，晨夕得警報，而詔旨詢問無虚日。先生馳馬日行四五百里，夜草奏治文書，恆徹夜不寐。十一月八日，大兵至大板昭，僧格桑復竄入金川，八日而小金川悉平。三十九年，分兵三路合攻，先生從師，自美諾啟行，抵谷噶。四月，刑部侍郎袁守侗按事入川，詔令入軍營視狀，知軍牘皆先生一人經畫，回京具奏。上嘉之，有旨垂問，文成覆奏，得旨擢吏部郎中。四十年五月，克遜克爾宗，奉旨補吏部文選司

㊀「翁古爾壟」原作「翁古壟」，據大清一統志、清史稿改。

郎中。八月，克勒烏圍賊巢。十二月，克則朗噶，克下壓雍中喇嘛寺取之。金川賊索諾木之母阿倉及姑阿青，時在河西，路斷不能歸，來降，於是移大營於噶喇依。即刮耳厓四十一年，三路兵合攻，索諾木兄莎羅奔岡達克、索諾木明楚克等相繼投出。三月，合攻益急，索諾木率其兄爽爾瓦沃雜爾、弟斯丹巴、妻巴底土、妹得什安木楚及大頭人丹巴訛雜爾等二千餘人齎印出降，僧格桑已病死，并以首獻，兩金川蕩平。先生從征九年，雖羽書旁午，然磨盾之暇，馬上吟詠，穹廬誦讀，無一日廢也。凱旋至良鄉，駕幸黃新莊郊勞，用戎服行禮。四月二十九日，上遣皇子獻俘太廟。五月朔，御午門受俘，訊於瀛臺，以逆酋兄弟罪在不赦，磔死，縣首藁街。是日，幸紫光閣賜宴，作四裔之樂。宴畢，賜白金段匹，朝珠荷包。奉旨：吏部郎中王昶久在軍營，著有勞績，著陞授鴻臚寺卿，賞戴花翎，在軍機處行走。命纂金川方略，充總修官。尋擢通政使司副使。四十二年三月，擢大理寺卿。四十三年，上因大清一統志成於雍正四年，至乾隆二十三年平定準噶爾回部，拓地二萬餘里，及府州縣增置改析者多，命重修，充總修官。四十四年，補授都察院左副都御史，又有旨授河南布政使。户部尚書梁公國治言先生在軍機久，多聞舊事，請留内用，上允其奏。四十五年，隨駕南巡，鑾輿次嘉興，有旨授江西按察使。旋丁内艱，回籍治喪，能盡古喪禮。奉諱家居時，建宗祠，置家塾，以教族人子弟。服闋，補授直隸按察使，未抵任，改授西安按察使。四十九年，甘肅固原屬鹽茶廳回人田五阿渾倡復新教，糾衆攻破西安州。阿渾者，回語通經教主之稱也。總督李侍堯、提督剛塔具奏，奉旨以西安州距陝西長武六站，恐回匪竄入，命往禦，乃至長武。長武有都司一員，兵一百三十名，提督調去，存三十名。又益以宜君兵五十名，合參將孫受兵四十二名，共一百二十名。而長武之通甘肅者有七路，各以兵役數人守之。未幾，田五自戕死，餘黨張文慶等走會寧，提督又調孫受兵去，長武勢益弱。賊又走安定之官川，其地乃前回匪馬明心所居，回匪盤聚於此，賊勢甚張。乃借兵於總兵三德，得兵三百，令通判黄秉哲率領以來，椎牛享之，分撥城內外，聲勢稍壯，民心乃安。

時副都統明善、參將孫受以滿漢兵一千七百人駐高廟山，擊賊失利，二人没於陣，賊勢大熾，距長武不及三百里。先生乃試礮巡城爲防禦計，數堞分人，籍城外民强壯者識其名，如有急，入城協守，凡刀矛礮石鐙燭油米悉具無缺，民恃以不恐。邠、乾、永壽皆鑿塹填門，而長武樵採往來自若也。賊知有備，不敢犯，與石峯回匪合兵據隘以守。上命大學士阿桂、户部尚書福康安、領侍衛内大臣都統海蘭察領京兵從山西來，工部尚書復興領兵從河南來，將軍莽古賚統寧夏兵一千，阿拉善王旺親班巴爾統蒙古兵一千五百，皆會隆德，賊首馬文熹率衆降。而總兵三德調赴甘肅，敷倫泰代之；會敷倫泰亦調往甘肅，以太原總兵富敏泰統兵。先生恐其未習地利，遂出長武，從隴州至長寧見富敏泰，告以要險形勢及攻賊之策，復歸長武。諸軍攻剿，斷賊水道，賊勢蹙，欲突圍出，海蘭察率兵邀截，殪無算。於是阿渾張文慶、李可魁、馬四娃等皆就擒，餘黨悉平。是役也，用兵陝西緑營駐防五千名之外，調山西兵二千，京兵二千，絡繹過長武，需車輛馬贏約以萬計，而銀錢、火藥、槍礮車裝駝載者又以萬計。先生不擾胥吏，不藉賓僚，草檄飛書，無一舛誤。奏上，有旨嘉許。五十一年，河南伊陽縣民秦某等三十餘人戕知縣孫岳灝，逸去。巡撫畢沅搜捕不獲，因奏言伊陽接壤湖陝，恐由熊耳諸山遁入商洛，得旨派往督緝。

乃赴商州樂州同李景蓮邏緝，奉旨授雲南布政使，仍令督捕，事竣入都陛見。未幾，景蓮等獲秦某解京師，即命入京。陛見時，奏肝氣不調，精神疲憊，請改京職，温旨不許，乃之任。五十三年，調江西布政使。五十四年，奉旨授刑部侍郎。五十五年，隨駕東巡，回鑾至青縣，上命與兵部尚書慶桂往江南同鞫高郵州典史陳倚道揭州書吏假印重徵事。定讞回京，又命同兵部侍郎吉慶馳驛鞫湖南湘鄉縣民童高門控書吏收漕折色案。事竣，又命審湖北應城縣科派斂錢事；發摺起行，又得旨鞫江陵縣趙學三控書吏何良弼修方家淵堤工偷減土方案。訊畢，又命訊湖南永明縣賄買武童及長沙勒買常平倉穀二案；分別定擬奏聞，奉旨允行。是年，純皇帝八旬萬壽，恩詔晉封三代皆光禄大夫，妣皆一品夫人，先生暨鄒夫人亦封一品。勘方家淵隄工時，按册丈量，無偷減情迹，其殘損處應賠補者，屬知府張方理任之。回至荆州，方家淵隄工尚未修補，乃具奏方理草率揑飾，落其職。五十七年，隨駕幸五臺。八月，充順天鄉試主考官，有貴介子擯斥，忤當軸旨，遂乞假南歸，有終焉之志矣。一日，上召見大臣，詢王昶何以不來，輦下諸公飛札告知，乃剋日就道。時屆隆冬，跋涉二千里，精神疲苶，動履盤跚。召見時，上鑒其老病，以原品休致，傳諭歲暮苦寒，宜竢春融回籍。

先生以文學受純皇帝特達之知，所以開續三通館、方略館、通鑒輯覽，皆預纂修之役。己卯、庚辰、壬午充順天鄉試同考官，辛巳、癸未充會試同考官，及壬子主試順天，所得皆知名士。在京師時，與朱笥河先生互主騷壇，門人著録者數百人，有「南王北朱」之稱。歸田後，往來吳門，賓從益盛，與王西沚、錢竹汀兩先生艤舟白公隄下，朋簪雜遝，詩酒飛騰，望之者若神仙然。六十年，乙卯，先生年七十二，純皇帝以明年歸政，舉行千叟宴，詔中外臣工逾七十者皆入宴，遂詣闕。召見時，詢問舊事及江浙年歲豐稔狀，奏對稱旨。嘉慶元年正月初四日，行千叟宴禮於寧壽宮。宴畢，賜玉如意、栢木鳩杖、紬段、裝錦大毢、筆墨等十六件。獻詩六章，奉旨刻入燕集中。二十一日，陛辭出都，主婁東書院講席。嘉慶四年正月，太上皇帝升遐，入都哭臨。三月初一日，召見詢問歷官始末，及外省吏治民情，與川楚寇盜未平之故。奏對畢，又諭凡有欲言，可繕寫密封以進。明日，詣觀德殿前敬謁梓宮，遂陳數事，上命留覽。四月十三日，百日期滿，具奏回籍。先生以辛酉年補博士弟子，至嘉慶六年辛酉，六十年矣。江蘇學政錢樾、松江府知府趙宜喜請重游泮宮，率新弟子祗謁文廟，行釋奠禮，宴於曲水園。時阮侍郎元爲浙江巡撫，請主敷文書院。主講席者三年，卒於家，年八十有三。

先生天資過人，於學無所不窺，尤邃於易。詩宗杜少陵玉溪生而參以韓柳，古文則以韓柳之筆發服鄭之蘊。功業文章炳著當代，求之古人中，亦豈易得者哉！生平著述甚富：春融堂詩文集六十八卷、金石粹編一百六十卷、明詞綜十二卷、國朝詞綜四十八卷、湖海詩傳四十六卷、續修西湖志、青浦縣志、太倉州志、陝西舊案成編、雲南銅政全書，皆刊行於世。其未刊行者，則滇行日録三卷、征緬紀聞三卷、蜀徼紀聞四卷、屬車雜志二卷、豫章行程記一卷、商洛行程記一卷、重游滇詔紀程一卷、雪鴻再録二卷、使楚叢談一卷、臺懷隨筆一卷、青浦詩傳三十六卷、天下書院志十卷。其未成書者，則羣經楬櫫、五代史注。楬櫫，取周禮職金注「今時之書有所表識，謂之楬櫫」之意，蓋以漢學爲表識而專攻毀漢學者。皆藏於家。

藩從先生游垂三十年，論學談藝，多蒙鑒許。後先生因袁大令枚以詩鳴江浙閒，從游者若鶩若蟻，乃痛詆簡齋，隱然樹敵，比之輕清魔。提唱風雅，以三唐爲宗，而江浙李赤者流，以至吏胥之子，負販之人，能用韻不失黏者，皆在門下。嘉慶四年，藩從京師南還，至武林，謁先生於萬松書院，從容言曰：「明時湛甘泉，富商大賈多從之講學，識者非之。今先生以五七言詩争立門户，而門下士皆不通經史，橁知文義者一經盼飾，自命通儒，何補於人心學術哉！且昔年先生謂筲河師太邱道廣，藩謂今日殆有甚焉。」默然不答。是時，依草附木之輩聞予言，大怒，造謗語搆怨，幾削著録之籍，然而藩終不忍背師立異也。

先生弟子中，以經術稱者三人：開化戴君敦元，字金溪，乾隆癸卯舉人，庚戌中式進士，癸丑殿試，授庶吉士，今官刑部郎中。會稽王君紹蘭，字畹馨，癸丑進士，官至福建按察使。二君博通經傳，爲當代聞人。袁上舍廷檮，字又愷，一字壽階，吴縣人也，明六俊之後，爲吴下望族。饒於資，築小園於楓江，有水石之勝。又得先世所藏五硯，爲樓弆之。蓄書萬卷，皆宋槧元刻，祕笈精鈔，以及法書、名畫、金石、碑版，貯於五硯樓中。又得洞庭山徐尚書健庵留植於金氏聽濤閣下之紅蕙，種之階前，名其室曰紅蕙山房。遇春秋佳日，招雲閒汪布衣墨莊、胡上舍元謹、同邑鈕布衣非石、顧秀才千里、戈上舍小蓮爲文酒之會。時錢竹汀先生主紫陽講席，王西沚先生、段大令懋堂三寓公亦時相過從，袁大令枚、王蘭泉先生往來吴下，皆主其家。於是四方名流莫不挐舟過訪，詩酒流連，應接不暇。壽階性好讀書，不治生産，且喜揮霍，急人之難，坐是中落，乃奔走江浙閒，歲無虚日矣。後江觀察頡雲延之康山賓館，頡雲爲俗僧小石搆精舍於浙之西溪，屬壽階董其事，冒暑熱獨步山中，得痢下疾，死於家，年四十有七。

藩與壽階少同里閈，後攜家邗上，壽階館於康山，蹤跡最密，談論經史，有水乳之合。壽階無書不窺，精於讎校，邃深小學。其論大誥敍「將黜殷命」云：「今尚書諸本皆無『命』字，詩豳譜正義引此則有『命』字。案微子之命敍及周官敍皆云『既黜殷命』，則此必曰『將黜殷命』，二敍相應。且此敍正義云『黜退殷君武庚之命』，又云『獨言黜殷命者』，又云『且顧微子之命，敍故特言黜殷命也』。據此，則正義本實有『命』字。近見錢少詹唐石經攷異云：『將黜殷下本有命字，後摩改。』因取舊藏石經檢視，『作』字之旁猶留『命』字右偏之波磔，『誥』字既移第二行之末矣，而第三行之首猶有摩未盡之『誥』字具存，此摩改之明證也。」其論說文解字「蘜，以秋華」曰：「以秋華者，謂此爲月令『有黃華』之『蘜』字，以別於『蘜之爲治牆，『菊』之爲大菊、蘧麥也。」「嗙，司馬相如說『淮南、宋、蔡舞嗙喻』也」，曰：「『淮南、宋、蔡舞嗙喻』，七言句也，蓋凡將篇之一句。李善引凡將曰『黃潤纖美宜製襌』，歐陽詢引凡將曰『鐘磬竽笙筑坎侯』，皆七言也。」「麡，麋牝者」，曰：「宋本作『牡』，與爾雅合。上文曰『麎，牝麋』，則麡不當云牝矣。」「液，盡也」，曰：「『盡』當作『𧖴』，血部：『𧖴，气液也。』小徐本玉篇、廣韻竝作『律』者，假借通用字。今毛本作『盡』，誤也。」「亓，古文亥爲豕，與豕同」，曰：「汲古閣初印本篆文如此，各本皆同，說解當云『古文亥，亥爲豕，小徐本如此故字與豕同』，轉寫譌脫耳。字與豕同者，古文『豕』亦作『亓』，見九篇豕部，此『己亥』與『三豕』之所由誤也。所謂誤者，『己』與『三』字之誤耳。『亥』『豕』古文本同字，讀書者當依文義讀之，今本剜改篆體作『犴』，則叔重云『與豕同』者何解乎！」著書甚多，皆未編輯，其子椎魯，不能讀父書，所有稿本散失無存矣。今記藩之所聞者，畧書數語以見梗槩云。

非石名樹玉，吴縣人，家洞庭山，隱於賈，無書不讀，亦深小學。著有説文解字校録三十卷、説文新附考七卷。詩文清峭拔俗，亦當代之畸士焉。

朱笥河先生

先生諱筠，字竹君，一字美叔，號笥河。其先家浙之蕭山，曾祖必名始居京師，遂爲大興人。祖登俊，湖南長陽、四川珙縣知縣，後官中書科中書。父文炳，大興諸生，官陝西盩厔縣知縣。先生年十三，通七經。十五作詩文，才氣浩瀚，老宿見之咋舌。與弟文正公珪讀書，同卧起，手鈔默誦，雞鳴不已。弟兄同入泮宫，學使吕熾試以鵬翼摶風歌，奇其才，爲之延譽。京兆尹武進蔣炳邀劉文定公綸、程文恭公景伊、錢文敏公維城、莊侍郎存與及其弟學士培因，設筵招先生及文正公飲，試以崑田雙玉歌，詩成，諸公歎賞不絶，於是京師有競爽之目。年二十五，乾隆癸酉，中式舉人，明年，成進士，選庶吉士。丁丑，散館，授編修，充方畧館纂修官。辛巳，充會試同考官，旋丁外艱，哀毁骨立。先生本無宦情，服闋後，欲徧游天下名山，已乞假矣，上召見文正，詢家事曰：「編修無定額，汝兄當補官，不似汝需缺也。」文正告之翰林院，取假呈歸，曰：「兄實無疾，恐上再詰問，不敢欺罔，强爲弟起。」先生不答，既而覼然曰：「汝敗我清興矣。」是年，授贊善。明年，大考翰詹，御試二等，擢翰林院侍讀學士，充日講起居注官，戊子科順天鄉試同考官。三十四年，欽派協辦内閣學士批本事，充己丑會試同考官。庚寅，奉命爲福建鄉試正考官，充辛卯會試同考官。是秋，奉命視學安徽，以古學教士子，重刻許氏説文解字而爲之敍。

敍曰：「漢汝南召陵許君慎，范蔚宗儒林傳不詳，惟曰『五經無雙許叔重』，爲郡功曹，舉孝廉，再遷除洨長，卒於家，作説文解字十四篇』。本書召陵萬歲里公乘許沖上書言：『先帝詔侍中騎都尉賈逵修理舊文，臣父故太尉南閤祭酒慎本從逵受古學，博問通人，考之於逵，作説文解字凡十五卷。慎前以詔書校書東觀，教小黄門孟生李熹等，以文字未定，未奏上。今病，遣臣齎詣闕。建光元年九月己亥朔二十日戊午上。』徐鍇曰：『建光元年，安帝之十五年，歲在辛酉也。』按賈逵傳：肅宗建初元年，詔逵入講北宫白虎觀、南宫雲臺。八年，詔諸儒各選高才生授左傳、穀梁、春秋、古文尚書、毛詩，皆拜逵所選弟子及門生爲千乘王國郎，朝夕受業黄門署。據此，知許君校書東觀教小黄門等，當在章帝之建初八年，歲在癸未也。本書許君自敍言『粤在永元困敦之年，孟陬之月，朔日甲申，次列微辭』。徐鍇曰：『和帝永元十二年，歲在庚子也。』按逵傳：逵以永元八年自左中郎將復爲侍中騎都尉，内備帷幄，兼領祕書近署。據此，知許君本從逵受學，其考之於逵作此事，正當逵爲侍中之後四年。其後二十一年，當安帝之建光元年，歲在辛酉，君病在家，書成，乃令子沖上之也。其始末略可考見如此。「夫許君之爲書也，一曰世人詭更正文，鄉壁虚造不可知之書；一曰諸生競説字解經，誼稱秦之隸書爲倉頡時書；一曰廷尉説律，至以字斷法，皆不合孔氏古文，謬於史籀。恐巧説衺辭使學者疑，於是依據宣王太史籀大篆十五篇、丞相李斯倉頡篇、中車府令趙高爰歷篇、太史令胡母敬博學篇、黄門侍郎揚雄訓纂篇諸書，又裸採孔子、楚莊王、左氏、韓非、淮南子、司馬相如、董仲舒、京房、衞宏數十家之說，然後成之。又曰『必遵舊文而不穿鑿』，又曰『非其不知而不問』，蓋其發揮六書之指，使百世之下猶可以窺見三古制作之意者，固若日月之麗天，江河之由地。其或文奥言微，不盡可解，亦必明者之有所述，師者之有所授，後學小生區聞陬見，不得而妄議已。易曰：『書不盡言，言不盡意。』陳其大要，約有四端：「一曰部分之屬而不可亂。敍曰：『其建首也，立一爲端，據形聯系，引而申之，以究萬原，畢終於亥。』是以徐鍇作繫傳，有部敍二卷，本易敍卦傳，爲之推原偏旁所以相次之故，使五百四十部一字不紊。今起東既疑韻書，而比類又從字體，便於檢討，實昧形聲。自李燾之五音韻譜作，而部分紛然，自亂其例矣。一曰字體之精而不可易。夫篆本異文，而今同一首者，『奉』『奏』『春』『秦』『泰』是也。篆本同文，而今異所從者，『𨑢』『從』『𨑒』『徒』是也。『賊』之從『戈』『則聲』而改從『戎』，『賴』之從『貝』『剌聲』而改從『負』，半譌也。『𦱍』之爲『舜』，『壼』之爲『壺』，『𠚕』之爲『曲』，『𣫻』之爲『爵』，全譌也。以『气化』之『气』當『乞』，而『氣牽』之『氣』遂當『气』，於是有俗『餼』字；以『萎飼』之『萎』當『婑』，而『饑餧』之『餧』當『萎』，於是有俗『餒』字：此因一字以譌數字者也。『匈』已從『勹』而又從『肉』，『州』已從『川』而又從『水』，既重其類；『垔』從『土』而又『土』，『蜀』從『虫』而加『虫』，又重其從：此并二字以譌一字者也。從者失從，滋者不滋，自隸一變之，楷再變之，而字體莫之辨識矣。一曰音聲之原可以知。『農』之從『晨』『囟聲』，玉篇『囟』『窗』同。考工記匠人『四旁兩夾窗』，窗一音悤。徐鍇以爲當從『凶』乃得聲，非也。『移』之從『禾』『多聲』，古音弋多反。楚辭：『夫聖人者不凝滯於物，而能與世推移。舉世皆濁，何不淈其泥而揚其波。』徐鍇以爲

『多』與『移』聲不相近，非也。『能』之足似『鹿』，從『肉』『乙聲』，古音奴來、奴代反。詩：『其湛曰樂，各奏爾能，賓載手仇，室人入又，酌彼康爵，以奏爾時。』徐鉉等以爲『乙』非聲，疑象形，非也。『摘』之從『手』『啻聲』，陟革反，去聲則陟寘反。『啻』與『商』同文，『摘』與『適』同聲。詩『勿予禍適，稼穡匪解』。徐鉉等以爲當從『適』省乃得聲，非也。此音聲之可據者也。一曰訓詁之遺可以補。易『其牛觢』，觢，一角仰也。爾雅『皆踊觢』，郭注：『今豎角牛也。』書『西伯既𢦟黎』，『𢦟』從『戈』『今聲』，殺也，不當作『戡』，戡，刺也。詩『深則砅』，『砅』從『水』從『石』，履石渡水也。『在彼淇厲』，蒙梁而言，亦此訓也。周禮『得此𪓰鼀』，『𪓰』亦爲『𪓿』，𪓿鼀，詹諸。『縞衣綥巾』，『綥』從『糸』『畀聲』，未嫁女所服，處子也。『垗五帝於四郊』，垗，畔也，爲四時界，祭其中也。春秋傳『修涂梁溠』，溠，荆州浸也。職方氏：『豫州，其浸波溠。』鄭注春秋傳曰『楚子除道梁溠』，則溠宜屬荆州，在此非也。『闕䂬之甲』，䂬，水邊石也。論語『小人窮斯㜮矣』，『㜮』從『女』『監聲』，過差也。孟子『呭呭猶沓沓』，呭呭，多言也，沓沓，語多沓沓也，所謂『言則非先王之道』也。爾雅『西至汃國，謂四極』，『汃』從『水』『八聲』，西極之水也。此訓詁之可據者也。廣韻：『汃，府巾切，西方極遠之國。又普八切，西極水名也。』不當作『邠』，邠，周大王國也。

「部以屬之，體以別之，音以審之，訓以絜之，文字之事加諸蔑矣。後之非毀許君者，或摘其一文，或泥其一說，歷代以來，不量與撼，要無足論。惟近日顧氏炎武修紹絕業，學者所宗，而於是書亦有不盡然之言，竊恐瞽說附聲，信近疑遠，是不可以不辨。今如所舉『秦』從『禾』，以地宜禾，『宋』從『木』爲居，『薛』從『辛』爲辠，『威』爲姑，『也』爲女陰，『殹』爲擊聲，『困』爲故廬，『普』爲日無色，『貉』之言惡，『犬』之字如畫狗，『有』曰不宜有，『襃』爲解衣耕，『弔』爲人持弓會歐禽，『辱』爲失耕時，『臾』爲束縛捽抴，『罰』爲持刀罵詈，『勞』爲火燒門，『宰』爲皋人在屋下執事，『冥』爲十六日月始虧，『刑』爲刀守井，凡此諸說，皆始造文字，取用有故，必非許君之所創作。書契代遠，難以强說，復不當刪。是以觀象闕文之訓明著於敍，豈得以勦說穿鑿，橫暴先儒乎！至若江別汜洍，曷姝孯已，逑救各引，載旆爲坺，當時孔壁古文未亡，齊、魯、韓三家之詩具在，衆音雜陳，殊形備視，豈容廢百舉一，去都即鄙耶！」又言：「別指一字，以『鎦』當『劉』，以『絻』當『由』，以『絻』當『免』，此說亦非。按本書之例，從某者有其部也，某聲者有其字也。『瀏』之從『水』『劉』聲，『紬』之從『絲』『由』聲，『勉』之從『力』『免』聲，具著於篇。乃知書闕有閒，傳寫者之過，謂別指一字以當之者謬矣。記曰『今人與居，古人與稽』，『居』不當爲法古乎！易曰『是興神物，以前民用』，『用』不當爲卜中乎！費誓之『費』改爲『粊』，訓爲惡米，按陸德明經典釋文曾子問注作『粊誓』，粊音祕，鄭君說也。『童』爲男有皋，按易『喪其童僕』作『童』。至『僮』之字，國語『使童子備官而未之聞』，韋昭注：『僮，僮蒙不達也。』史記樂書『使僮男僮女七十人俱歌』，本書敍：『尉律，學僮十七已上』亦同。當知『僮子』之『僮』從『人』，皋人爲奴者正作『童』也。訓『參』爲商星，乃連大書讀，『參商，星也』，即如水部河水出焞煌塞外，泑澤在昆侖下之例，明參與商同爲星，非參商亦不知也。其引齊之郭氏及樂浪事，古人往往隨事博徵，不拘拘一說也。至援莽傳及讖記以『劉』之字爲『丣金刀』，謂許君脫其文，按『劉』之字從『刀』，從『金』『丣』聲，丣古酉，丣非卯也。讖記不可以正六書。後漢書光武紀論『王莽以錢文有金刀，改爲貨泉，或以「貨泉」字爲「白水真人」』，於篆『貨』或近『真人』，『泉』豈得爲『白水』耶！五行志『獻帝初，僮謡曰「千里草，何青青，十日卜，不得生」』，以『千里草』爲『董』，『十日卜』爲『卓』。按『重』字從『壬』『東』聲，非『千里草』，『早』字爲『日』在『甲』上，非『十日卜』，又可據以爲證乎！又援魏太和初公卿奏於文『文』『武』爲『斌』，古未嘗無『斌』字，按『彬』從『彡』從『林』，爲文質備，文武之字，經典闕如，不知所從，無以下筆，徐鉉列之俗書是也，又可據魏以疑漢乎！凡顧氏所説，皆不足以爲許君病。輒附疏之，用詔學者。」

時上詔求遺書，先生上言：伏見皇上稽古右文，勤求墳典。請訪天下遺書以廣藝文之闕，而前明永樂大典中古書有僅存，宜選擇寫入於著録。又請立校書之官，參考得失，併令各州縣所有鐘鼎碑碣悉拓進呈，俾資甄録。奏入，上嘉之，下軍機大臣議行。乃命纂輯四庫全書，於永樂大典中採輯逸書五百餘部，次第刊布，流傳海内，實先生啟之也。又奏請倣漢熹平、唐開成故事，擇儒臣校正十三經文字，勒石太學，奉旨：「候朕緩緩酌辦。」其秋，以某生欠考事，部議甚嚴，得旨：朱筠學問尚優，加恩授編修，在四庫全書處行走。又命總辦日下舊聞纂修事。是時，金壇掌院爲總裁，又直軍機，凡館書稿本，披覈辨析，苦往復之煩，欲先生就見。而先生執翰林故事，總裁纂修相見於館，無往見禮。先生友某公强先生見之，先生持論侃直，不稍下。金壇憾之，閒爲上言朱筠纂修不勤，上曰「命蔣賜棨趣之」，而不之罪焉。己亥八月，特旨命先生督學福建。至閩，以經學六書訓士，口講指畫，無倦容。有某生爲攝令某坐以殺人，鍛鍊成獄，發其奸，雪某生冤。閩中士人至今稱道之。任滿回京，卒於家，年五十有二。

先生博聞宏覽，於學無所不通，説經宗漢儒，不取宋元諸家之説，十七史、涑水通鑑諸書，皆考其是非，證其同異，汎濫諸子百家而不爲異説所惑。古文以班馬爲法而參以韓蘇，詩歌出入唐宋，不名一家。先生之學，可謂地負海涵，淵渟嶽峙矣。先生性愛山水，探黃山武夷之勝，峭壁巉巖，不通樵徑，攀藤附葛，必登其巔，題名鐫石而下。性又喜飲，至連舉數十觥不亂，拇戰分曹，雜以諧笑。每酒酣耳熱時，議論天下事，自比李元禮范孟博，激揚清濁，分別邪正，慷慨激昂，聞者悚然。屢主文柄，搜羅英俊，如大理寺卿陸錫熊、吏部主事程晉芳、禮部郎中任大椿，皆所取士也。戴編修震、汪明經中皆兀傲不羣，好雌黃人物，在先生幕中，獨於先生無閒言。陽湖孫觀察星衍爲諸生時，以不見先生爲恨，屬同邑洪君稚存爲紹，願遥執弟子禮。天下士仰慕丰采，望風景附有如此。先生提唱風雅，振拔單寒，雖後生小子一善行及詩文之可喜者，爲人稱道不絶口，飢者食之，寒者衣之，有廣廈千間之槩。是以天下才人學士從之者如歸市。所居之室名曰椒花吟舫，亂草不除，雜花滿徑，聚書數萬卷，碑版文字千卷，終年吟嘯其中。足不詣權貴門，惟與好友及門弟子考古講學，釃酒盡醉而已。藩年十六即受知於先生。每酒闌燈灺時，嘗謂藩曰：「吾儕當以樂死，功名利鈍何足介意哉！」先生之襟期磊落，蕭然遠矣。

子二：長錫卣，府學生；次錫庚，字少白，乾隆戊申科舉人，候選直隸州，緣事罷官，讀書好古，精於左氏春秋，能世其學。弟子以通經著者：興化任大椿、龍溪李威、陽湖洪亮吉、孫星衍、偃師武億、全椒吳鼒。李威字畏吾，深於六書之學，著有説文解字定本十五卷。戊戌進士，今官廣東廉州府知府。孫星衍字伯淵，讀書破萬卷，訓詁輿地及陰陽五行之學靡不貫串。乾隆丙午舉人，丁未以第二人及第，今官山東糧道。吳鼒字山尊，淹通經史，凡學術之異同，論説之是非，一見即能分黑白，辨昭聾也。乾隆壬子舉人，嘉慶己未進士，今官翰林院侍讀學士。任君大椿別見。

武億

武億，字虛谷，先世由懷慶軍籍遷偃師。父紹周，雍正癸卯進士，官至吏部郎中。少喜讀書。年十七，喪父；十九，母孟、生母郭皆逝。時伊洛溢，廬舍毀圮，架蓆處洿泥中，誦讀不輟，斯㊀朽木焚火以禦寒，斧傷指及足，流血殷地，終不廢讀也。年二十二，入學。乾隆庚寅，舉鄉試。庚子，會試中式，賜同進士出身，以知縣用。辛亥，選山東博山縣，訟無留牘，禱雨卽降。有人賄以二千金者，曰：「汝不聞雷聲乎！我懼雷擊我也。」暇日召耆老問士俗利病，革除民供煤炭及饋里馬草豆諸秕政。博山民煮糯米汁爲土玻璃，作釵珥瓶盎燈毬鬻於市，及婦孺嬉戲之物，不足以供玩好之式。乾隆中葉，有好事者爲山東巡撫，取以入土貢，遂爲例，每歲按額徵之，民苦其擾。乃爲民請於大吏，力白其害，遂不入貢。創范泉書院，立程課教諸生，親往講學，勵以讀書、立品、爲善士。君承笥河先生之學，痛詆二氏，乃檄合邑僧尼至署，諭以佛爲異端，害人心，壞風俗，演傅奕韓愈之言，反覆譬喻。僧尼雖不解其說，然感其誠，皆蓄髮還俗。於是入其境者第聞絃歌之聲，不聞梵唄之音矣。

乾隆壬子，大學士和珅兼步軍統領，聞妄人言山東反賊王倫未死，密遣番役四出蹤迹之。於是副頭目杜成德曹君錫等十一人橫行州縣，至博山，宿逆旅飲博，手持鐵尺，指揮如意，莫敢誰何。君率役

㊀「斯」，寶慶勸學書社本作「析」。

往收之，成德等持器械拒捕，役不敢前，君手撲之仆，縛以歸。成德尚倔強不服，出牌擲於堂上，瞋目大呼曰：「吾等奉提督府牌緝要犯，汝何官，敢問我邪！」立而不跪。命役摑其脛，始伏地。乃杖之曰：「牌役二名，此十一人爲誰？且牌文明言所至報有司協緝，汝來三日不謁見，是不奉法。吾通揭汝等騷擾狀，奈我何！」成德等始懼，咸叩首求去。其事喧傳省中，小人皆謂武鹵莽，禍叵測，將累上官。時山東巡撫吉慶畏勢闒茸，聞此言，卽發員絡繹於道，訪問虛實。有府佐劉大經者與君不相能，駕說於大府前，吉慶以「濫責無罪」，直書其事劾之。和珅笑曰：「是暴吾役之不謹而陰爲武令地也。」封還其疏。吉慶望風承旨，易以「任性行杖」，空言入奏，報罷。縣民聞令去，扶老攜幼，數千人走省中見大府，叩首乞留我好官。吉慶曰：「歸無譁，還汝好知縣。」吉慶知不容於輿論，而忸於權勢，會將入覲，乃挈君至都下，爲謀捐復。和珅總吏部事，駁之，其事遂寢，乃請主東昌啟文書院講席，以塞衆口也。後故人秀水王復爲偃師令，遂歸，與復商榷政事，暇時考校古書，相得甚歡，不復作出山之計。嘉慶四年，天子親政，和珅伏辜，詔各舉所知廢員可起用者。有以博山事聞，敕吏部將原任山東博山縣知縣武億行文豫省巡撫咨部引見，並將革職原案查奏，十一月二十九日事也，而君先一月死矣，得年五十有五。

君生而狀貌魁梧，有兼人之力，兼人之量。生平深於經史，七經注疏、三史、涑水通鑑皆能闇誦。所著書有經讀考異義證、偃師金石記、校定五經異義駁異義補遺、箴膏肓、起廢疾、發墨守、鄭志等書。與童君二樹名鈺者同修偃師縣志，童君好收藏碑版，君考訂秦漢以來金石文字，童君服其精審。於是酷嗜翠墨，游歷所至，如嵩山泰岱，遇有石刻，捫苔剔蘚，盡心摸拓；或不能施氈椎者，必手録一本。偃師杏園莊去所居四十餘里，民家掘井得晉劉韜墓誌，長二尺有餘，重幾百斤，君肩之以歸。性善哭，館笥河師家，除夕，師謂君曰：「客中度歲，何以破岑寂？」君曰：「但求醉飽而已。」乃遺以二彘肩，一雞一鶩，蒙古酒一斗，及湯餅餎飥諸物。君閉戶恣啖，食盡酒傾。至晚，師曰：「醉飽矣，更有他求乎？」對曰：「哭。」師亦曰：「哭。」乃放聲大慟，比隣驚問，笥河師大笑而去。庚子年，陽湖洪亮吉稚存、黃景仁仲則流寓日下，貧不能歸，偕飲於天橋酒樓，遇君，招之入席，盡數盞後，忽左右顧盼，哭聲大作，樓中飲酒者駭而散去。藩嘗叩之曰：「何爲如此？」曰：「予幸叨一第，而稚存仲則寥落不偶，一動念，不覺涕泣隨之矣。」藩戲之曰：「君乃今日之唐衢也。」藩與君交垂二十年，核君行事，不愧循吏。古人云：「以經術飾吏事。」不通經術而能爲循吏者，蓋有之矣，我未之見也。

洪亮吉　張惠言　臧琳

洪亮吉，字君直，一字稚存。先世居歙縣，祖公寀贅於武進趙氏，至君，籍陽湖。生六歲而孤，依外家讀書，穎悟異常兒。晚自塾歸，母氏篝燈課讀，機聲軋軋，與書聲相間不斷。年十八，祖妣趙及祖相繼下世，君承重，水漿不入口，杖而後起。二十四歲，入學爲附生，與同邑黃秀才景仁爲詩歌相唱和，有時譽，人目爲洪黃。後謁安徽學使笥河先生，受業爲弟子，先生延之校文。時幕下士多通儒，戴編修震、邵學士晉涵、王觀察念孫、汪明經中皆通古義，乃立志窮經。家居與孫君星衍相觀摩，學益進，時人又目爲孫洪。乾隆三十九年甲午科，中本省鄉試副榜。四十一年，母猝病卒，時在浙江學使王文端公杰幕中，得病耗，馳歸里門。有以死告者，大慟，失足落水，遇汲者救甦。既以不得視含斂爲終天之恨，遂絕粒。或喻以毀不滅性，始啜粥，居苫枕凷，不入內，不飲酒食肉，里中稱爲孝子。四十五年庚子科，中式順天舉人。五十五年庚戌石韞玉榜，以第二人及第，授編修，充國史館纂修官。明年，又充石經收掌詳覆官。藩是時館總裁王文端公第，君手定條例，屬藩呈之，公是其說。彭文勤主其事，以爲不然，文端不能與之爭也。後文勤自作凡例，文端命藩勘定，駁其秕謬者數十條。文勤大怒，謂藩與君互相標榜。嗟乎，直道之不行也久矣！五十七年壬子科，充順天鄉試同考官，卽拜貴州學政之命。黔省僻遠，無書籍，爲購經、史、通典、文選諸書置各府書院，黔人爭知好古，君之教也。奏陳澔禮記注乃臆說空言，絕無師法，宜易鄭玄注以試士，格於部議不行。嘉慶元年，充咸安宮總裁，在上書房行走。三年正月，大考翰詹，時教匪充斥，題爲征邪教疏，君指陳時事，直書無隱。又在師友前論時事，扼腕歎息，皆以爲狂。君知不容於時，適弟藹吉卒於家，以古人有期功去官者，乃引疾歸。今上親政，修高宗純皇帝實錄，朱文正公珪薦君，復赴都與修實錄。教習庶吉士，與同館議論不合，將乞假歸矣，念今上大開言路，而陳奏者皆無經國之計，身居翰林，又無奏事之責，因陳時政數千言。謂故福郡王所過繁費，州縣供億，致虛藏帑；故相和珅擅權時，達官清選或執贄門下，或屈膝求擢。羅列中外官罔上負國者四十餘人，作書上成親王及朱文正劉相國權之，進呈御覽，有旨革職審擬。對簿時，詞色不撓。王大臣等擬以大不敬律，置重辟，有旨減死，發伊犁。武進趙君懷玉入詔獄慰之，君曰：「昨日念念在西市，今日念念在玉門關矣。」次日，趙君送至廣寧門外，握手黯然，而君神氣自若。將抵戍所，某將軍妄測聖意，奏請俟君至，斃以法，先發後聞，有旨申飭不行。五年四月，京師亢旱，上因久不雨，減釋軍流，不雨；朱文正奏稱安南黎氏二臣忠於其主而久繫獄中，請釋之，又不雨。上乃念君以直言獲罪，立予釋回。是日，甘霖大沛，御製得雨詩紀其事。又製導言納諫論，言「亮吉原書無違礙之句，有愛君之誠，實足啟沃朕心」，并將其書裝潢成卷，常置座右以作良規，以勸言事者毋因亮吉獲咎，鉗口不敢復言。君以六年歸里，雖蒙編管，而江左名流過君講學問字者無虛日。十二年，常州旱，有司勘不成災，飢民剝樹皮以食，君請當事率紳士捐資賑濟，所活飢民數十萬，邑人至今稱頌不衰。十四年五月十二日，以疾終，得年六十有四。

君性伉直，疾惡如仇，自謂不能容物。生平好學，嘗舉荀子語「爲人戒有暇日」，所以窮日著書，老而不倦。深嫉浮屠氏之說，詩文中未嘗用彼教語。撰著行於世者：左傳詁二十卷、公羊穀梁古義一卷、漢魏音四卷、比雅十二卷、六書轉注録八卷、弟子職箋釋一卷、補三國晉書地理志、十六國疆域記、乾隆府廳州縣志、詩文集若干卷。君在畢尚書沅幕中最久，預修宋元資治通鑑，修陝西、河南各州縣志，是以深於史學，而尤精地理沿革所在。嘉慶四年，藩遇君於宣城，論說文解字五龍六甲之說及「冕旒」字，不合；君出示所作古文，藩又指摘其用事謬舛。君齗齗強辯，藩曰：「君如梁武之護前矣。」君愠見於色。因藩談次偶及輿縣，君云『在江都』，藩據文選注赤岸山之證，當在六合。藩又謂太平寰宇記鄧艾石鼈城白水陂事不見於史而已，並未言無此事也。君忽寓書於藩，謂輿縣實在江都，而鄧艾事樂史本之元和郡縣志，豈可疑爲無此事者。灑灑千言，反覆辨論。藩不答一字，恐激君之怒耳，豈知益增其怒，遂不復相見矣。今作君傳，潸然淚下，自悔鹵莽，致傷友道，能不悲哉！

與君同時爲漢學者，孫君淵如之外，有三人焉：一爲莊君炘，字虛庵，乾隆戊子副榜，較刊淮南子、一切經音義，深於聲音訓詁之學，今官陝西乾州知州。一爲武進趙君懷玉，字億孫，一字味辛，庚子召試舉人，授內閣中書，出爲山東青州府同知。好學深思，無書不讀，肄經，深於詩，故兼工文章。一爲武進張惠言，字皋文，乾隆丙午中式舉人，嘉慶己未成進士，改庶吉士，充實録館纂修官、武英殿協修官。辛酉，散館，授編修，卒於官。著有周易虞氏義九卷、虞氏消息二卷、儀禮圖六卷。其甥董士錫，字晉卿，傳其學。

康熙時，又有臧琳者，武進諸生，博綜經史百氏之書，教人先以爾雅、許氏說文解字，曰：「不識字，何以讀書！不通訓詁，何以明經！」鍵户著述，世無知者。著有經義雜記三十卷，太原閻百詩爲之序，玄孫鏞刊行之。鏞字在東，盧紹弓學士之弟子，自云：「段大令懋堂致書學士曰：『高足臧君，學識遠超孫洪。』」由是學士益敬異之。然乎，否乎？又有劉君逢禄，字申甫，嘉慶辛酉選拔貢生，丁卯舉人，淹通經傳，著春秋公羊釋例。

卷五

江永

江永，字愼修，婺源人。少就外傅爲世俗學，一日見明邱濬大學衍義補引周禮，求之有書家，得寫本周禮白文，朝夕諷誦。閉户授徒，束脩所入，盡以購書，遂通經藝。年二十一，爲縣學生。二十四，補廪膳生。六十二，爲歲貢生。永好學深思，長於步算鍾律聲韻，尤深於禮。以朱子晚年治禮，爲儀禮經傳通解，未成而卒，黄幹纂續，缺漏浸多，乃爲之廣摭博討，從吉、凶、軍、賓、嘉五禮之次，名曰禮經綱目，數易稿而後定。其論宣城梅氏所言歲實消長之誤曰：「日平行於黄道，是爲恆氣恆歲，實因有本輪、均輪、高衝之差而生盈縮，謂之視行。視行者，日之實體所至；而平行者，本輪之心也。以視行加減平行，故定氣時刻多寡不同；高衝爲縮末盈初之端，歲有推移，故定氣時刻之多寡且歲歲不同，而恆氣恆歲實終古無增損也。當以恆者爲率，隨其時之高衝以算定氣，而歲實消長可勿論。猶之月有平朔平望之策以求定朔定望，而此月與彼月多於朔策幾何，少於朔策幾何，俱不計也。」論鍾律曰：「黄鍾之宮，黄鍾半律也，卽後世所謂黄鍾清聲是也。唐時風雅十二詩譜，以清黄起調畢曲，琴家正宮調黄鍾不在大絃，而在第三絃，正黄鍾之宮爲律本遺意，亦聲律自然，古今不異理也。國語伶州鳩因論七律而及武王之四樂，夷則無射曰上宮，黄鍾太簇曰下宮，蓋律長者用其清聲，律短者用其濁聲，古樂用鈞之法既亡，而因端可推。韓子外儲篇曰：『夫瑟以小絃爲大聲，大絃爲小聲。』雖詭其辭以諷，然因是知古者調瑟之法，黄鍾、大呂、太簇、夾鍾、姑洗、仲呂、蕤賓用半而居小絃，林鍾、夷則、南呂、無射、應鍾用全而居大絃，此皆合之以管呂，論聲律相生者始明也。」論聲韻曰：「古韻起於吴才老，而崑山顧氏尤精，然顧氏考古之功多，審音之功淺。爲書以正顧氏分十部之疏，而分平上去三聲皆十三部，入聲八部，虞屬魚、模，又分之以屬侯、幽，顧氏未之知也。先屬元、寒，又分之以屬真、諄，而真以後十有四韻之當分爲二，考之三百篇，用韻畫然，顧氏未之審也。蕭至豪四韻之讀如今音者，一部也，又分以屬侯、幽，在三百篇亦畫然，而顧氏未審也。覃至鹽，屬添、嚴，又分以屬侵，自侵以後九韻以侈斂當分爲二，猶之真以後當分十有四韻爲二也，顧氏亦一之。侯之正音近幽，顧氏不之審，而轉其讀以從虞。」永之説，蓋欲彌縫其缺也。

易象言往來上下者，後儒謂之卦變，言人人殊，辨之曰：「周易以反對爲次序，卦變當於反卦取之。否反爲泰，泰反爲否，故曰『小往大來』，曰『大往小來』，是其例也。凡曰來曰下曰反者，自反卦之外卦來居内卦也；曰往曰上，曰進曰升者，自反卦之内卦往居外卦也。」

後儒言古者寓兵於農，井田廢而兵農始分，辨之曰：「考之春秋時，兵農固已分矣。管仲參國伍鄙之法，齊三軍出之士鄉十有五，公與國子高子分率之，而鄙處之農不與也。爲農者治田供税，不以隸於師旅也。鄉田但有兵賦，無田税，似後世之軍田屯田，此外更無養兵之費。晉之始，惟一軍，既而作二軍，作三軍；又作三行，作五軍；既舍二軍，旋作六軍，以新軍無帥而復三軍。其既增又損也，蓋除其軍籍，使之歸農；若軍盡出於農，則農民固在，安用屢易軍制乎！隨武子曰：『楚國荆尸而舉，商農工賈不敗其業。』此農不從軍之證也。魯之作三軍也，季氏取其乘之父兄子弟盡征之；孟氏取半焉，以其半歸公；叔孫氏臣其子弟，而以其父兄歸公。所謂子弟者，兵之壯者也，父兄，兵之老者也，皆其素在軍籍，隸之卒乘者，非通國之父兄子弟也。其後舍三軍，季氏擇二，二子各一，皆盡征之而貢於公；若民之爲農者，出田税，自仍然歸之君。故哀公曰：『二，吾猶不足。』三家雖專，亦惟食其采邑，豈嘗使通國之農盡屬己哉！陽虎壬辰戒都車，令癸巳至此，又兵常近國都之證，其野處之農固不爲兵也。」

卒年八十有二。所著書：周禮疑義舉要六卷、儀禮釋宫增注一卷、禮記訓義擇言八卷、深衣考誤一卷、禮經綱目八十八卷、律吕闡微十卷、春秋地理考實四卷、鄉黨圖考十卷、古韻標準六卷、四聲切韻表四卷、音學辨微一卷、推步法解五卷，七政衍、金水二星發微、冬至權度、恆氣注曆辨、歲實消長辨、曆學補論、中西合法擬草各一卷，近思録集注十四卷、讀書隨筆十二卷、四書典林四十卷。

永爲人和易近人，處里黨以孝悌仁讓爲先，人多化之。嘗援春秋傳豐年補敗之義，勸鄉人輸穀立義倉，行之三十年，一鄉之人不知有饑饉云。嘗一至江西，應學使金德瑛之招也；一游京師，以同郡程編修恂延之也。是時三禮館總裁方侍郎苞自負其學，見永，即以所疑士冠禮、士昏禮數事爲問，從容答之。苞負氣不服，永哂之而已。荆溪吴編修紱深於三禮，質以周官疑義，永是以有周禮疑義舉要之作也。後數年，程吴二君皆没，永家居寂然，值純皇帝崇獎實學，命大臣舉經術之儒，有人薦永者，永力辭之。當朝廷開三禮義疏館，纂修諸臣聞有禮經綱目一書，檄下郡縣録送，以備參訂。没後一年，詔修音韻述微，刑部尚書秦文恭公蕙田請於朝，令督臣取所著韻書三種，進呈貯館，以備採擇。蓋戴編修震在京師，文恭公延之修五禮通考，戴君擕有永書，以推步法解全篇載入觀象授時一類，所以文恭知永爲學者而有是請也。考永學行，乃一代通儒，戴君爲作行狀，稱其學自漢經師康成後罕其儔匹，非溢美之辭。然所著鄉黨圖考、四書典林，帖括之士竊其唾餘，取高第掇巍科者數百人，而永以明經終老於家，豈傳所謂「志與天地擬者其人不祥」歟！

金榜

金榜，字輔之，一字蘂中，又字檠齋，歙縣人，江慎修之高弟子。少有過人之資，與休寧戴編修震相親善，承師友之訓，所以學有根柢，言無枝葉也。乾隆乙酉，召試舉人，授内閣中書，在軍機處行走。乾隆壬辰，以第一人及第，授修撰。散館後，即乞假歸，徜徉林下，著書自娱。專治三禮，以高密爲宗，不敢雜以後人之説，可謂謹守繩墨之儒矣。

戴君東原以司馬法賦出車徒二法難通，乃舉小司徒正卒、羨卒以釋之曰：「夏官諸司馬職亡，周人軍賦莫可考見。其制有正卒以起軍旅，有羨卒以作田役，比追胥。小司徒職『均土地以稽其人民而周知其數。上地家七人，可任也者家三人；中地家六人，可任也者二家五人；下地家五人，可任也者家二人。凡起徒役，無過家一人，以其餘爲羨，惟田與追胥竭作』。又云：『凡國之大事致民；大故，致餘子。』

此正、羨二卒以司馬法計之，率十人而賦其一，其大法也。司馬法一云：『六尺爲步，步百爲畝，畝百爲夫，夫三爲屋，屋三爲井，井十爲通。通爲匹馬，三十家，士一人，徒二人。通十爲成，成百井，三百家，革車一乘，士十人，徒二十人。十成爲終，終千井，三千家，革車十乘，士百人，徒二百人。十終爲同，同方百里，萬井，三萬家，革車百乘，士千人，徒二千人。』蓋家計可任者一人，一成三百家，可任者三百人；而革車一乘，士徒凡三十人。是爲十而賦一，所謂『凡起徒役，無過家一人』者也。一云：『九夫爲井，四井爲邑。四邑爲邱，邱十六井，有戎馬一匹，牛三頭，是曰匹馬邱牛。四邱爲甸，甸六十四井，出長轂一乘，馬四匹，牛十二頭，甲士三人，步卒七十二人，戈楯具備，謂之乘馬。』甸六十四井，通上中下地率之，定受田二百八十八家。計可任者二家五人，凡七百二十人，出長轂一乘，步卒七十二人，亦十而賦一，『甲士三人』者其軍吏，所謂『惟田與追胥竭作』者也。前法家可任者一人，十賦一爲正卒；後法可任者二家五人，十賦一爲通正、羨之卒。小司徒職『凡起徒役，無過家一人』，不言『可任』者蒙上，『可任也者家三人，二家五人，家二人』省文，非謂家作一人爲徒役；其云『田與追胥竭作』，亦非竭作此家三人二人爲羨卒也。自『均土地』至『田與追胥竭作』，爲小司徒稽民數而辨其可任者之事；下云『大事致民，大故致餘子』，爲小司徒臨事徵調之事。族師職曰：『五家爲比，十家爲聯；五人爲伍，十人爲聯；四閭爲族，八閭爲聯。使之相保相受相共，以役國事。』士師職曰：『掌鄉合州黨族閭比之聯，與其民人之什伍，使之相安相受，以比追胥之事。』『明聯其什伍，十賦一爲卒，爰使其居者相與共其馬牛車輦兵器諸用物，是爲周人以地與民制賦之成法。孫武言『興師十萬，不得操事者七十萬家』。彼以八家賦出一卒，七家相與共其用，故云『不得操事』，是猶畧具周人任民遺意。管子治齊，作内政，寄軍令，卒伍定乎里，軍政成乎郊。其制士鄉十五始家出一人爲卒，班孟堅所謂『隨時苟合以求欲速之功，故不能充王制』者也。詩頌魯僖曰『公車千乘，公徒三萬』，與司馬法『革車一乘，士十人，徒二十人』數合。春秋成元年作丘甲，説者謂此甸所賦，使丘出之。丘十六井，通上中下地二而當一，爲七十二家，亦家出一人爲卒。至戰國時，蘇秦謂臨淄之中七萬户，下户三男子，臨淄之卒固已二十一萬，始盡役其家之正、羨爲卒，而禍變亟矣。儒者於周官軍數，往往襍引管子釋之，而於司馬法與周官更相表裏，轉茫然莫辨，甚矣其惑也！

「小司徒職曰：『乃經土地而井牧其田野。九夫爲井，四井爲邑，四邑爲邱，四邱爲甸，四甸爲縣，四縣爲都，以任地事而令貢賦，凡税斂之事。』此經主於任地合賦，邱、甸、縣、都者，出賦之定數也。古者一成百井，定出賦六十四井，謂之甸。甸之言乘也，謂出兵車一乘，賦法蓋權輿於此。刑法志曰：『一同百里，提封萬井，除山川、沈斥、城池、邑居、園囿、術路三千六百井，定出賦六千四百井，戎馬四百匹，兵車百乘。一封三百一十六里，提封十萬井，定出賦六萬四千井，戎馬四千匹，兵車千乘。天子畿方千里，提封百萬井，定出賦六十四萬井，戎馬四萬匹，兵車萬乘。』今即一同之内出賦六千四百井計之，凡爲甸者百，爲縣者二十有五，爲都者六有奇。賦法備於一甸，小司徒經土地，必計及一都之田，而後上中下地通率二而當一，井牧之法如此。鄭君釋其制爲造都鄙，更爲治洫治澮之説。榜謂大司徒之職『凡造都鄙，制其地域而溝封之，以其室數制之，不易之地家百晦，一易之地家二百晦，再易之地家三百晦』，周官造都鄙之法具於是。至於匠人爲溝洫，司險設國之五溝五涂，皆掌其事於官。其用民力也，則均人均其力征，豐年公旬用三日，中年公旬用二日，無年公旬用一日。謂緣邊一里治洫，十里治澮，非古制也。如鄭君說，一同百里僅四千九十六井出田稅，又與司馬法邱乘之制不合。小司徒有九夫爲井之法，遂人有十夫有溝之法。地之險夷異形，廣狹異數，因地勢而制其宜，凡不可井者濟以遂人法而地無曠土。孟子請野九一而助，國中什一使自賦，國中城郭宮室差多，涂巷又廣，於遂人法爲宜。是小司徒實與遂人聯事通職，不以鄉遂都鄙異制審矣。」

周禮泉府「以國服爲之息」，元明諸人以爲乃新莽之制，劉歆取以羼入周官，宋王安石竊其說爲青苗法，乃周禮之遺害也，辨之曰：「泉府『凡民之貸者，與其有司辨而授之，以國服爲之息』，注云：『有司，其所屬吏也。與之別其貸民之物，定其賈以與之。鄭司農云：「貸者，謂從官借本賈也，故有息。使民弗利，以其所賈之國所出爲息也。假令其國出絲絮，則以絲絮償其國；出絺葛，則以絺葛償。」玄謂以國服爲之息，以其於國服事之稅爲息也。於國事受園廛之田而貸萬泉者，則期出息五百。王莽時，民貸以治産業者，但計贏，所得受息，無過歲什一。』榜謂『凡民之貸』者，謂從官借本賈，先鄭說是也；『以國服爲之息』，以其於國服事之稅爲息，後鄭說是也。泉府，市官之屬，以受市之征布爲職，以其市之征布貸於賈人以賈，與上經以征布斂市之滯貨同義。二者皆恤商阜貨，泉府之職也。其言『凡民之貸者』，對下『有司』言之謂之民，泉府不得與國人爲貸。周官旅師職云：『掌聚野之耡粟、屋粟、閒粟，凡用粟，春頒而秋斂之。』此貸於國人者不令出息，爲其無所取贏也；賈人貸官財以權子母之利，則有息。農民受田，計所收者納稅；賈人貸泉，計所得者出息。其息或以泉布，或以貨物，輕重皆視田稅爲差，是謂

『以國服爲之息』。朝士『凡民同貨財者，令以國法行之』，後鄭釋『國法』爲國服之法，然則『同貨財』者爲貸本以賈者與？經言『凡國事之財用取具焉』，指所受市之征布，大府所云『關市之賦以待王之膳服』是也，外府職之。其『以國服爲之息』者，謂之餘財，下經『歲終納其餘』是也，職幣職之。後儒以經文『以國服爲之息』與下『凡國事之財用取具焉』文相聯屬，誤合爲一事，至依托泉府以行其奸。爰據二鄭之言，贊而辨之如此。」

又論禘祭云：「天祭莫大於圜丘，地祭莫大於方澤，與宗廟禘其祖之所自出，三者皆禘，見於鄭君釋周官經大司樂。後儒習知宗廟有禘，疑禘非祭天地之名，惟鄭君識古，能述其義。周語『禘郊之事則有全烝』，魯語『天子日入監九御，使潔奉禘郊之粢盛』。楚語『禘郊不過繭栗，烝嘗不過把握』，又曰：『天子禘郊之事，必自射其牲，王后必自舂其粢；諸侯宗廟之事，必自射其牛，刲羊擊豕，夫人必自舂其盛。』又曰：『天子親舂禘郊之盛，王后親繅其服。』其言禘郊，與宗廟烝嘗對文，明禘非宗廟之祭。王制『祭天地之牛角繭栗，宗廟之牛角握』，與國語『禘郊繭栗，烝嘗把握』之文合；表記『天子親耕粢盛秬鬯以事上帝』，與國語『天子親舂禘郊之盛』文合。天地之祭名禘，著於此矣。周人歲有事於天者，冬至禘昊天，啟蟄郊上帝，及四時迎氣於四郊，兆祀五帝，凡七祀。大宗伯『以禋祀祀昊天上帝』，司服『祀昊天上帝，則服大裘而冕，祀五帝亦如之』，典瑞『四圭有邸，以祀天旅上帝』，明昊天與上帝殊。掌次『大旅上帝則張氈案，設皇邸，祀五帝則張大次小次，設重帟重案』，明上帝與五帝殊。其冬至禘昊天，以嚳配，啟蟄郊上帝，以稷配，魯語是以言『周人禘嚳而郊稷』。四時迎氣祀五帝，則以太皞、炎帝、黃帝、少皞、顓頊配。冬至禘昊天，國語謂之禘，戴記通謂之郊。郊特牲曰：『郊之祭也，迎長日之至也，大報天而主日也。』又曰：『郊之用辛也，周之始郊日以至。』祭義曰：『郊之祭，大報天而主日，配以月。』禮家舊説：『言日以周郊天之月而至，陽氣新用事，順之而用辛日。』此冬至圜丘之禘通得郊名也。對啟蟄而郊言之，故謂之始郊。大司樂職：『凡樂，圜鍾爲宫，黄鍾爲角，大簇爲徵，姑洗爲羽，靁鼓靁鼗，孤竹之管，雲和之琴瑟，雲門之舞，冬日至，於地上之圜丘奏之。若樂六變，則天神皆降，可得而禮矣。』經言冬日至，於圜丘奏之，是著啟蟄而郊，無此降神之樂。鄭君釋天神、地示、人鬼三大祭爲禘，引祭法『周人禘嚳而郊稷』，謂此祭天圜丘以嚳配之，又言人鬼則主后稷，既於圜丘之禘、宗廟之禘區別不疑；其釋喪服小記及大傳『王者禘其祖之所自出，以其祖配之』，又以禘爲郊稷，與大司樂宗廟之中禮人鬼之交違異。喪服小記曰：『王者禘其祖之所自出，以其祖配之，而立四廟。』漢韋元成等四十四人奏議云：『禮，王者始受命，諸侯始封之君，皆爲大祖，以下五廟而遞毁。周之所以七廟者，以后稷始封，文王武王受命而王，是以三廟不毁，與親廟四而七。』然則周人祖文武，祖之所自出主稷也。稷爲太祖廟，立文世室、武世室配之，皆世世不毁，又下禘其親廟四，所謂『以其祖配之，而立四廟』也。逸禮禘於太廟禮『毁廟之主，升合食而立二尸』，又曰：『獻昭尸如穆尸之禮。』又曰：『毁廟之主，昭共一牢，穆共一牢，祝詞稱孝子孝孫。』此禘祭之見於逸經者。毁廟之主立二尸，是昭共一尸，穆共一尸。祝詞稱孝子，明各祭於其廟，故於禰廟稱孝子也。春秋公羊傳：『大事者何？大祫也。毁廟之主陳於太祖，未毁廟之主皆升合食於太祖。』曾子問：『七廟無虚主，虚主者惟祫祭於祖。』而逸禮有七尸之文。禮器『周旅酬六尸』，鄭注云：『后稷尸發爵不受旅。』此經傳之言祫禘者。周公制禮之時，文武之主尚在親廟，故禘遷主於太廟而立昭穆二尸。逸禮祫祭惟七尸，則祫之遷主無尸。天子立廟，得及其始祖之所自出，凡祭皆然，不惟禘也。禘祭禮盛事殷，故名大祭。春秋傳曰『魯有禘樂』，明堂位『季夏六月，以禘禮祀周公』，明其禮樂與時祭殊。禘祫俱及遷廟之主，諸侯則有祫無禘，故記曰『禮不王不禘』。天祭有禘名以別於郊，宗廟之祭有禘名以別於祫，禘郊禘祫，因其散見之文，可考如此。」

論感生帝曰：「生民之詩具矣。詩曰『履帝武敏歆，攸介攸止，載震載夙，載生載育，時維后稷』，言后稷感神靈之氣而生也。曰『誕后稷之穡，有相之道』，曰『誕降嘉種，維秬維秠，維穈維芑』，言后稷爲天所助以成稼穡之功也。曰『載燔載烈，以興嗣歲』，曰『其香始升，上帝居歆』，言后稷肇祀以祈豐年，而上帝歆享之也。或曰帝，或曰上帝，皆指天帝而言。若如傳釋『帝』爲高辛氏之帝，則從於帝而見於天，因以生子，此亦何足稱異！下經寘之隘巷，寘之平林寒冰，不且大遠於事情乎！周人祈穀之郊，實本於后稷之肇祀，今由生民之詩繹之，鄭君謂郊祀爲祀感生帝，說非無據。但月令：『孟春乃擇元日，祈穀于上帝』，春秋傳：『孟獻子曰：「夫郊祀后稷，以祈農事也。是故啓蟄而郊，郊而後耕。」』夫曰祈穀，曰祈農事，而絕不及於祭感生者，蓋詩表先代之神靈，禮嚴百王之祀事，故不同也。大傳：『王者禘其祖之所自出，以其祖配之；諸侯及其太祖；大夫士有大事，省於其君，于祫及其高祖。』是爲尊者尊統上，卑者尊統下之義。喪服小記『王者禘其祖之所自出，以其祖配之，而立四廟』，則以后稷始封，文武受命稱王，與四親廟對言爲七廟。二條皆謂宗廟之禘，與祭天無涉。且禘嚳郊稷，禮家或混禘於郊，未嘗混郊於禘，如鄭君說，則祈穀又蒙禘名矣。故鄭志答趙商云：『悉信亦非，不信亦非。』斯言也，敢援以爲治經之大法。」此其說之尤著者。

其論三江，世儒多是之，獨王光禄西沚與藩不以爲然。

年老得髀痛疾，卧牀蓐間，手定禮箋十卷。未幾卒。

戴震

戴震，字愼修，一字東原，休寧人。祖寧仁，父弁，皆不仕。君年十歲乃能言，就傅讀書，過目成誦。塾師授以大學章句右經一章，問其師曰：「此何以知爲孔子之言而曾子述之？又何以知爲曾子之意而門人記之？」師曰：「此子朱子云爾。」又問朱子何時人，曰：「南宋。」又問曾子何時人，曰：「東周。」又問周去宋幾何時，曰：「幾二千年。」曰：「然則子朱子何以知其然？」師不能答。讀書一字必求其義，塾師畧舉傳注訓解之，意不釋。師惡其煩，乃取許氏說文解字令檢閱之，學之三年，通其義，於是十三經盡通矣。隨父客南豐，課學童於邵武。自邵武歸，年甫二十，同縣程中允洵一見奇之。時江君愼修來歙，見君，目爲儒者，一日舉曆算中數事曰：「吾積疑十有餘年而未剖析者。」君爲之比較，言其所以然。江君驚喜曰：「今之定九也！」年二十八，補縣學生。家屢空，而學日進。著考工記圖、屈原賦注、句股割圜記，流傳浙東、西。天台齊侍郎召南讀其書，恨不識其人，江南惠定宇沈冠雲二徵君皆引爲忘年交。乾隆二十七年，壬午，舉於鄉。策蹇至京師，困於逆旅，人皆以狂生目之，幾不能供饘粥；獲交於錢少詹大昕，稱爲天下奇才。秦文恭公纂五禮通考，求精於推步者，少詹舉君名，文恭延之，纂觀象授時一類。後高郵王文肅公安國請君至家塾課其子念孫，一時館閣通人如河閒紀庶子昀、嘉定王編修鳴盛、青浦王蘭泉先生、大興朱笥河先生，皆與之定交，從此海内知東原氏矣。試禮部，不第。後朱方伯珪招之游晉，修汾州府志。三十八年，奉召充四庫全書館纂修官。三十九年，乙未，特命與會試中式者同赴廷對，授翰林院庶吉士。四十二年五月，卒於官，享年五十有五。

生平無嗜好，惟喜讀書，詞義鉤棘難通之文，一再讀之，渙然冰釋。其學長於考辨，立一義，初若創獲，及參互考之，確不可易。春秋昭公二十二年「十月，王子猛卒」，而其夏秋已兩書「王猛」，說者莫得其解，解之曰：「王猛與鄭忽，皆以國氏者也。王者，諸侯目王畿之辭，非天子之號。春秋凡書王，猶列國之書其國；書天王，猶列國之書爵：故王人與列國書人，同爲微者。王猛與鄭忽同以國氏，忽未即位而出奔，歸，不得書爵，書世子，正其復國也。王子猛未即位稱王，故卒稱王子，若先正其號曰王，不得復稱王子矣。」

周髀言「北極璿璣四游」，又言「正北極樞璿璣之中」，後人多疑其說，解之曰：「正北極者，魯論之北辰，今人所謂赤道極也。北極璿璣者，今人所謂黄道極也。正北極者，左旋之樞，北極璿璣每晝夜環之而成規，冬至夜半在正北極下，是爲北游所極；日加卯之時在正北極之左，是爲東游所極；日加午之時在正北極之上，是爲南游所極；日加酉之時在正北極之右，是爲西游所極：此璿璣之一日四游所極也。冬至夜半起正北子位；晝夜左旋一周而又過一度，漸進至四分周之一，則春分夜半爲東游所極；又進至夏至夜半，爲南游所極；又進至秋分夜半，爲西游所極：此璿璣之一歲四游所極也。虞、夏書『在璿璣玉衡以齊七政』，蓋設璿璣以擬黄道極，世失其傳也。」

今人所用三角八線之法，本出於句股，而尊信西術者輒云「句股不能御三角」，折之曰：「周髀云：『圜出於方，方出於矩，矩出於九九八十一。』三角中無直角，則不應乎矩，無例可比矣。必以法御之，使成句股而止。八線比例之術，皆句股法也。」

嘗謂儒者治經，宜自爾雅始。世所傳郭注已刪節不全，邢疏又多疏漏。如釋言「桄，充也」。六經無「桄」字，鄭注樂記、孔子閒居皆訓「横」爲「充」。「横」「桄」古通用。書「光被四表」，漢書引爲「横被四表」，今孔傳猶訓「光」爲「充」，文譌而義不殊也。釋言「庥，廕也」，即詩「不可休思」之「休」。釋木「桑柳醜條」，即詩「蠶月條桑」之「條」。莊子云「已而爲知㊀者」，「已而不知其然」，當從釋詁解「已」爲「此」。其考證通悟多如此。

水經注譌舛多矣，王伯厚引經文四事，其三事皆注之溷於經者，則經注之淆，南宋時已然。君獨尋其義例，區而別之云：「經文每一水云『某水出某郡縣』，此下不更舉水名；注則兼及所納羣川，故須重舉。經云『過某縣』者，統一縣而言；注則詳言所逕委曲，故有一縣而再三見者。經據當時縣治，善長作注時，縣邑流移，是以多稱『故城』，經無言『故城』者也。經例云『過』，注例云『逕』，以是推之，經注之淆者可正也。」閻百詩、顧景范、胡朏明雖善讀古書，猶未悟斯失，至君始釐正之。今武英殿所刊，即用其

㊀「知」，原作「之」，據莊子原文改。

校本，海內始復見此書之真面目焉。

嘗論學云：「經之至者，道也；所以明道者，辭也；所以成辭者，字也。必由字以通其辭，由辭以通其道，乃可得之。」又云：「治經之難，雖一事，必綜其全而覈之。誦堯典，至『乃命羲和』，不知日月星辰之所以運行，則掩卷不能卒業。誦周南、召南，自關雎而往，不知古音，徒强以協韻，則已齟齬失讀。誦古禮，先士冠禮，不知古者宮室衣服等制，已迷於其方，莫辨其用。不知古今地方沿革，則禹貢職方山鎮川澤、春秋列國疆域會盟攻戰之地失其處所。不知古今推步之長，則如夏書之『辰不集於房』，魯太史引以爲正陽之月孟夏，東晉古文尚書繫之季秋；小雅『十月之交』，鄭康成以爲周正十月，劉原父以爲夏正十月；春秋傳兩記『日南至』，歷代史志載步算家上考，曲合其一而卒違其一：儒者何以識古今之真僞，辨箋解之得失，決魯曆至朔之當否！不知少廣旁要，則考工之器不能因文而推其制；不知鳥獸蟲魚草木之名號狀類，則比興之意乖。六書之學，訓詁音聲未始相離，聲與音又經緯衡從宜辨。魏有孫叔然創立翻語，厥後考經論韻悉用之，晉人以譯西域釋氏之言。釋氏之徒羣習其法，因竊爲己有，謂來自西域，儒者數典，不能記憶也。管呂言五聲十二律，宮位乎中，黃鍾之宮四寸五分爲起律之本，學者蔽於鍾律失傳之後，不追溯未失傳之先，宜乎其説之多鑿也。」

又訓學者二：曰私，曰蔽。私生於欲之失，而蔽生於知之失。異氏尚無欲，君子尚無蔽。異氏之學主靜以爲至；君子强恕以去私，而問學以去蔽，主以忠信而止於明善。凡生於其心，必發於其事，私者逞己以縱欲無良而憯不畏明。無私矣，尚不能無蔽。蔽者不求諸事情，以其意見信爲義理，公而不能明，廉潔而流於刻。記曰：「夫民有血氣心知之性，而無喜怒哀樂之常，應感起物而動，然後心術形焉。」凡有血氣心知，於是乎有欲，性之徵於欲，聲色臭味而愛畏分。既有欲矣，於是乎有情，性之徵於情，喜怒哀樂而慘舒分。既有欲有情矣，於是乎有巧與智，性之徵於巧智，美惡是非而好惡分。生養之道，存乎欲者也；感通之道，存乎情者也。二者，自然之符，天下之事舉矣。盡美惡之極致，存乎巧者也，宰御之方由斯而出；盡是非之極致，存乎智者也，聖賢之德由斯而備。二者亦自然之符，精之以底於必然，天下之能舉矣。君子之治天下也，使人各得其情，各遂其欲，勿悖於道義；君子之自治也，情與欲使一於道義。夫遏欲之害，甚於防川，絕情去智，充塞仁義。人之飲食也，養其血氣，而其問學也養其心知，是以貴乎自得。血氣得其養，雖弱必强，心知得其養，雖愚必明，是以貴乎擴充。君子獨居思仁，公言言義，動止應禮。竭所能之謂忠，履所明之謂信，平所施之謂恕，馴而致之仁且智，不私不蔽者也。君子之未應事也，敬而不肆以虞其疏；事至而動，正而無邪以虞其僞。必敬必正，而要於致中和以虞其偏其謬。戒疏在乎戒懼，去僞在乎慎獨，致中和在乎達禮精義，至仁盡倫，天下之人同然而歸之善，可謂至善矣。夫以理爲學，以道爲統，以心爲宗，探之茫茫，索之冥冥，不若反求諸六經。此原善之書所以作也。

其所撰述，有毛鄭詩考正四卷、考工記圖二卷、孟子字義疏證三卷、方言疏證十三卷、原善三卷、原象一卷、句股割圜記三卷、策算一卷、聲韻考四卷、聲類表十卷、儀禮正誤一卷、爾雅文字考十卷、屈原賦注四卷、九章補圖一卷、古曆考二卷、曆問二卷、水地記一卷、戴氏水經注四十卷、直隸河渠書六十四卷、文集十卷，皆曲阜孔户部繼涵爲刊行之。君没後十餘年，高廟校刊石經，一日命小璫持君所校水經注問南書房諸臣曰：「戴震尚在否？」對曰：「已死。」上歎惜久之。時人皆謂君若不死，必充纂修官。嗟乎！君以庶吉士得邀特達之知，亦可謂稽古之榮矣。

同時學者，郡人鄭牧、方矩、程瑶田、汪龍。鄭方二人事蹟不得其詳。瑶田字易田，又字易疇，歙人，乾隆庚辰舉人，太倉州校官，著有通藝録行於世。汪龍字蟄泉，乾隆丙午舉人，著有毛詩申成、毛詩異義，皆未刊行。親受業者，高郵王念孫，字懷祖，乾隆乙未進士，授庶吉士，散館，改主事，官至直隸永定河道。精於訓詁，著有廣雅疏證十卷。子引之，字伯申，嘉慶己未姚文田榜以第三人及第，今官翰林院侍講學士，能世其學。段大令玉裁字若膺，一字懋堂，金壇人，乾隆庚辰舉人，官四川巫山縣知縣。講求古義，深於小學，著書滿家，刊行者惟詩經小學録四卷、説文解字注三十二卷。盧學士文弨、紀相國昀、邵學士晉涵、任侍御大椿、洪舍人榜、汪孝廉元亮，皆同志之友而問學焉。孔檢討廣森，則姻婭而執弟子之禮者也。懋堂大令之壻曰龔麗正，號闇齋，仁和人，以懋堂爲師，能傳其學，著有國語韋昭注疏。嘉慶丙辰進士，今官禮部祠祭司郎中。

卷六

盧文弨

盧文弨，字紹弓，號磯魚，又號檠齋，晚更號弓父。抱經其堂顏也，人稱曰抱經先生。其先自餘姚遷杭州。父存心，恩貢生，應博學鴻詞科不第。母馮，馮景山公之女也。文弨生而篤實，少不好弄，以讀書爲事，既禀家學，又得外王父之緒論，已知學之所向矣。長爲桑調元敬甫壻，師事之，於是學有本原，不爲異説所惑。初名嗣宗，爲錢塘縣學生員，繼由餘姚祖籍改今名，援例入監。乾隆戊午，中式順天舉人。壬戌，考授內閣中書。壬申，恩科秦大士榜第三人及第，授翰林院編修。丁丑，命尚書房行走，由左春坊左中允洊至翰林院侍讀學士，充乙酉廣東正考官。旋命提督湖廣學政。戊子，以學政言事不合例，部議左遷。明年，乞假養親歸。乾隆乙卯十一月二十八日，卒於常州龍城書院，年七十有九。

紹弓官京師，與東原交善，始潛心漢學，精於讎校。歸田後二十餘年，勤事丹鉛，垂老不衰。所校之書：大戴禮記、左傳、經典釋文、逸周書、孟子音義、荀子、方言、釋名、賈誼新書、獨斷、春秋繁露、白虎通、呂氏春秋、韓詩外傳、顏氏家訓、封氏聞見記諸書。又取易禮注疏、呂氏讀書記、魏書、宋史、金史、新唐書、列子、申鑒、新序、新論諸本脱漏者，薈萃一書，名曰羣書拾補。抱經堂文集三十四卷及鍾山札記、龍城札記，刊行於世。

紀昀

紀昀，字曉嵐，一字春帆，晚年自號石雲，獻縣人也。世爲河閒著姓。祖天申，有善行；父容舒，官姚安太守。河閒爲九河故道，天雨則窪中汪洋成巨浸，夜有火光。天申夜夢火光入樓中而公生，火光遂隱，人以爲公乃靈物託生也。少而奇穎，讀書過目不忘。夜坐暗室內，二目爍爍如電光，不燭而能見物，比知識漸開，光卽斂矣。年二十四，乾隆丁卯科解元。甲戌，成進士，授庶吉士，散館，授編修。己卯，充山西鄉試正考官。庚辰，充會試同考官。辛巳京察，以道府記名。壬午，充順天鄉試同考官，命提督福建學政，於癸未授侍讀。明年，丁父憂。服闋，充日講起居注官，擢左庶子。戊子，授貴州都勻知府，以四品留任。晉侍讀學士，緣事罣誤，發烏魯木齊效力。至戍所時，遣戍單丁五年內積至六千人，爲都統具奏稟，得旨減釋爲民。辛卯，召還，授編修。三十八年，擢侍讀，命爲四庫全書館總纂官。丙午，授侍讀學士，充文淵閣直閣事、日講起居注官。己亥，擢詹事，旋晉內閣學士。壬寅，授兵部右侍郎，仍兼直閣事。改任不開缺，乃異數也。又轉左侍郎。甲辰，充會試副考官，知武會試貢舉。乙巳，晉左都御史。丙午，轉禮部尚書，充經筵講官。戊申，賜紫禁城騎馬，充武會試正考官。壬子，畿輔水災，奏請截留南漕萬石，設十廠賑饑，全活無算。嘉慶元年，丙辰，充會試正考官，轉兵部尚書。己未，充武會試正考官。癸亥六月，以八旬開秩，上遣官賚上方珍玩賜之。是年，奏言婦女猝遭强暴，捆縛受污，不屈見戕者，例無旌表。臣謂捍刃捐生，其志與抗節被殺者無異。如忠臣烈士誓不從賊而紮縛把持，雖使跪拜，可謂之屈膝賊廷哉！請敕交大學士九卿科道公議，與未被污者畧示區別，量予旌表。」大學士保寧等議奏：「如凶手在兩人以上，顯係孱弱難支，與强姦被殺者一體予旌。飭交各督撫勘明情形，請旨定奪。」報可。乙丑正月，奉旨調禮部尚書協辦大學士，加太子少保，管國子監事。十五日，卒於位，年八十有二。奉旨：「紀昀學問淹通，辦理四庫全書，始終其事，十有餘年，甚爲出力。由翰林洊歷正卿，服官五十餘載。本年正月，甫經擢襄綸閣，晉錫宮銜，遽聞溘逝，深爲軫惜！加恩賞陀羅經被，派散秩大臣德通帶同侍衛十員前往賜奠，並賞庫銀五百兩經理喪事。任內處分，悉予開復，應得卹典，查例具奏。」賜祭葬，予諡文達。

公於書無所不通，尤深漢易。力闢圖書之謬，四庫全書提要簡明目錄皆出公手。大而經史子集，以及醫卜詞曲之類，其評論抉奥闡幽，詞明理正，識力在王仲寶阮孝緒之上，可謂通儒矣。胸懷坦率，性好滑稽，有陳亞之稱。然驟聞其語，近於詼諧，過而思之，乃名言也。公一生精力粹於提要一書，又好爲稗官小説；而嬾於著書，少年閒有撰述，今藏於家，是以世無傳者。今録公所作戴氏考工記圖序一篇以見梗概。

序曰：「戴君東原始爲考工記作圖也，圖後附以己説而無注。乾隆乙亥夏，余初識戴君，奇其書，欲付之梓；遲之半載，戴君乃爲余刪取先、後鄭注，而自定其説以爲補注。又越半載，書成，仍名曰考工記圖，從其始也。戴君語予曰：『昔丁卯、戊辰閒，先師程中允出是書以示齊學士次風先生，學士一見而歎曰：「誠奇書也！」今再遇子奇之，是書可不憾已。』戴君深明古人小學，故其考證制度字義，爲漢以降儒者所不能及。以是求之聖人遺經，發明獨多，詩三百、尚書二十八篇、爾雅等皆有撰著。自以爲恐成書太早，而獨於考工記則曰：『是亞於經也者，考證雖難，要得其詳則止矣。』余以戴君之說與昔儒舊訓參互校覈：轂末之『軹』，明其當作『䡅』，不得與輿人之『軹』『轛』二名溷淆，今字書併『䡅』字無之。車人『徹廣六尺』，以鬲長車廣當相等，兩轅之閒六尺，旁加輻內六寸，輻廣三寸，綆寸，合左右凡二尺，則大車之徹亦八尺，字譌『八』爲『六』。弓人『膠三鋝』，一弓之膠不得過兩，有十銖二十五分銖之十四，正其當爲『三鍰』。此皆記文之誤，漢儒已莫之是正者。後鄭謂『軫，輿後橫木』，戴君乃曰：『輈人言「軫閒」，左右名軫之證也。「加軫與轐」，「弓長庇軫」，「軫方象地」，前後左右通名軫之證也。』輈人『任正』『衡任』，鄭以當軓與衡，而謂『軓爲輿下三面材，輢式之所樹』，戴君乃曰：『此爲下當兔圍軸圍發其意也。若輢式之所樹，宜記於輿人，今輈人爲之，殆非也。』鄭以『戈』『胡』『句倨外博』爲胡上下，戴君曰：『此不宜與「已倨」「已句」字義有異。』鄭引許叔重說文解字及東萊稱，證鍰鋝數同，戴君乃曰：『鍰之假借字作「垸」，鋝之假借字史記作「率」，漢書作「選」，伏生尚書大傳作「饌」，數小大相懸，合爲一，未然也。』戟刺長短無文，鄭氏既未及，賈公彥云『蓋與胡同，六寸』，戴君則曰：『戈一援，戟二援也。中直援名刺，與枝出之援同，長七寸有半寸。刺連內爲一直刃，通長尺有二寸，猶夫戈之直刃通長尺有二寸也。』桃氏『爲劍，中其莖，設其後』，鄭訓『設』爲『大』，謂『從中已後稍大之』，戴君曰：『不當與「設其旋，設其羽」之屬異義。後，謂劍環，在人所握之下，故名後，與劍首對稱矣。』鍾之鉦閒無文，鄭以爲與鼓閒六等，而合舞廣四爲鍾長十六，戴君乃曰：『鍾自銑至鉦，自鉦至舞，斂網以二。準諸句股灋，銑閒八，鉦閒亦八，是爲鍾長十六。舞者其上覆，脩六廣四，蓋鍾羨之度，不當在鍾長之數。』玉案以承棗㮚，莫詳其制，戴君引棜禁及漢小方案，定其有四周而局足。廬人『句兵欲無彈，刺兵欲無蜎』，鄭皆訓之爲『掉』，戴君讀『彈』如『蚆蟺』之『蟺』，轉掉也；蜎，搖掉也。其所以補正鄭氏注者，精審類如此。他若因嘉量論黃鍾少宮，因玉人『土圭』、匠人『爲規識景』，論地與天體相應、寒暑進退、晝夜永短之理，辯天子諸侯之宮三朝三門，宗廟社稷所在，詳明堂个與夾室之制，申井田溝洫之法，觸事廣義，俾古人制度之大暨其禮樂之器昭然復見於今茲。是書之爲治經所取益固鉅，然戴君不喜馳騁其辭，但存所是。文畧。又於輈人龍旂鳥旟之屬，梓人筍虡、車人大車羊車之等圖不具，其言曰：『思而可得者，微見其端，要留以待後學治古文者之致思可也。』斯誠得論著之體矣。余獨慮守章句之儒不知引伸，膠執舊聞，沾沾然動其喙也，是以論其大指，以爲之序首。」

同時翁君覃谿者亦爲漢學，收藏金石碑版文字，著有經義考補、兩漢金石文字記行於世。翁君名方綱，大興人，乾隆丁卯科舉人，壬申恩科成進士，授庶吉士，散館，授編修，官至內閣學士兼禮部侍郎，因老疾以學士歸田。

邵晉涵

邵晉涵，字與桐，號二雲，餘姚人也。祖向榮，康熙壬辰進士；父佳鈗，增廣生。君生而穎異，少多疾，左目微眚，然讀書十行並下，終身不忘。乾隆乙酉，中式本省鄉試舉人，典試者，錢先生竹汀也。越六年，禮部會試第一，賜進士出身。乾隆三十八年，詔修四庫全書，金壇首以君名入告，召赴闕下，除翰林院庶吉士，充纂修官。逾年，授編修。後御試翰詹，名列二等，遷右中允，洊官至侍講學士兼文淵閣直閣事。於書無所不讀，而非法之書不陳於側。嘗謂爾雅乃六藝之津梁，而邢疏淺陋，乃別爲正義，兼采舍人、樊光、李巡、孫炎諸家之注；有未詳者，摭他書補之。今之學者皆舍邢而宗邵矣。在四庫館時，永樂大典載有薛居正五代史，乃會粹編次，其闕者以册府元龜諸書補之，由是薛史復傳。竹汀先生閒論宋史紀傳南渡後不如東都之有法，寧宗以後又不如前三朝之粗備，微特事迹不詳，卽褒貶亦失其實。君聞而善之，取熊克、李燾、李心傳、陳均、劉時舉所撰之書及宋人筆記，撰南都事畧以續王偁之書，詞簡事增，正史不及也。君嘗預修國史，館中收貯先朝史册以數千計，總裁問以某事，答曰「在某册第幾葉中」，百不失一，咸訝以爲神人焉。撰述又有孟子述義、穀梁正義、韓詩內傳攷、皇朝大臣謚迹錄、輶軒日記、南江文集，皆實事求是，爲學者有益之書。君在日下，教授生徒以自給，足不詣權要之門，所以迴翔清署二十餘年而官止四品也。君少從山陰劉文蔚豹君、童君二樹游，習聞蕺山南雷之說。於明季黨禍緣起，奄寺亂政，及唐魯二王本末，從容談論，往往出於正史之外。自君謝世，而南江之文獻亡矣。

任大椿

任大椿，字幼植，一字子田，興化人。爲諸生時，與同邑侍鷺川朝詩歌唱和，藝林稱之。乾隆壬午科舉人。三十四年己丑，二甲第一名進士，授禮部主事，轉郎中，陝西道監察御史，充四庫全書館纂修官。子田與東原同舉於鄉，於是習聞其論說，究心漢儒之學。著有弁服釋例十卷、深衣釋例三卷、字林考逸八卷、小學鉤沈二十卷、子田詩集四卷。同時有歸安丁小疋名杰者，謂曾著字林考逸一書，稿本存子田處，子田竊其書而署其名，作書徧告同人，一時傳以爲笑。然子田似非竊人書者。今其族弟兆麟又采獲一百五十餘條，爲考逸補正云。

兆麟字文田，震澤籍諸生，薦舉孝廉方正。嘗注夏小正，本鄭仲師周官注，移「主夫出火」一條在三月，又移「時有見稊始收」一條在五月，又爲補入「采芑」「雞始乳」二條，王光祿禮堂序，以爲確當絕倫也。弟子中以經術著者，山陽汪廷珍，字瑟庵，十三經義疏皆能闇誦，不遺一字，舉經史疑義叩之，應答無滯義。乾隆丙午科舉人，己酉恩科胡長齡榜以第二人及第，今官內閣學士兼禮部侍郎。胡長齡，字西庚，一字印渚，通州人，博覽羣籍，說經以康成爲宗。乾隆癸卯舉人，己酉恩科第一人及第，今官兵部侍郎。

洪榜

洪榜，字汝登，一字初堂，歙縣人也。年十五，補邑庠生。乾隆乙酉選拔，與兄樸同應召試，梁文定公國治時爲安徽學使，評其賦曰：「詞霏玉屑，則弟勝於兄；文抱風雲，則伯優於仲。」樸授中書而榜未獲售，然以文章見知於文定，乃從游至晉，旋中乾隆戊子科舉人。丙申，應天津召試第一，授中書舍人。卒年三十有五。

榜少與同郡戴君東原、金君輔之交，粹於經學。著有明象，未成書，終於益卦。因鄭康成易贊作述贊二卷，其解周易，訓詁本兩漢，行文如先秦。又明聲均，撰四聲均和表五卷、示兒切語一卷。江氏永切字六百十有六，是書增補百三十九字；又以字母「見」「溪」等字注於廣韻之目，每字之上，以定喉吻舌齒脣五音。蓋其書宗江戴二家之說而加詳焉。平生著述甚多，皆未卒業，有周易古義録、書經釋典、詩經古義録、詩經釋典、儀禮十七篇書後、春秋公羊傳例、論語古義録、初堂讀書記、初堂隨筆、許氏經義諸書。留心奇遁之術，以其述犯造物忌，病中舉所著畀之火，唯新安大好紀麗久已刊行。爲人律身以正，待人以誠，以孝友著於鄉里。生平學問之道服膺戴氏，戴氏所作孟子字義疏證，當時讀者不能通其義，惟榜以爲功不在禹下。撰東原氏行狀，載與彭進士尺木書，笥河師見之，曰：「可不必載，戴氏可傳者不在此。」榜乃上書辨論。今行狀不載此書，乃東原子中立删之，非其意也。藩是時在吴下，見其書，歎曰：「洪君可謂衞道之儒矣！」今録其文於左。

文曰：「洪榜頓首笥河先生閣下：前者具狀戴先生行實，俾其遺孤中立稽首閣下之門，求志其墓石。頃承面諭，以狀中所載答彭進士書可不必載，性與天道不可得聞，何圖更於程、朱之外復有論説乎，戴氏所可傳者不在此。榜聞命唯唯，惕於尊重，不敢有辭。退念閣下今爲學者宗，非漫云爾者，其指大略有三：其一謂程、朱大賢，立身制行卓絶，其所立説，不得復有異同，疑於緣隙奮筆加以醜嗤，奪彼與此。其一謂經生貴有家法，漢學自漢，宋學自宋，今既詳度數，精訓故，乃不可復涉及性命之旨，反述所短以揜所長。其一或謂儒生可勉而爲，聖賢不可學而至，以彼矻矻稽古守殘，謂是淵淵聞道知德，曾無溢美，必有過辭。蓋閣下之旨出是三者，仰見閣下論學之嚴，制辭之慎。然恐閣下尚未盡察戴氏所以論述之心，與榜所以表章戴氏之意，使榜且得罪，不可以終無辭。夫戴氏與彭進士書，非難程朱也，正陸、王之失耳；非正陸、王也，闢老、釋之邪說耳；非闢老、釋也，闢夫後之學者實爲老、釋而陽爲儒書，援周、孔之言入老、釋之教，以老、釋之似亂周、孔之真；而皆附於程、朱之學。閣下謂程、朱大賢，立身制行卓絕。豈獨程、朱大賢，立身制行卓絕，陸、王亦大賢，立身制行卓絕，卽老、釋亦大賢，立身制行卓絕也。唯其如是，使後儒小生閉口不敢道，寧疑周、孔，不敢疑程、朱；而其才智少過人者，則又附援程、朱以入老、釋。彼老、釋者，幸漢、唐之儒抵而排之矣。今論者乃謂先儒所抵排者，特老、釋之粗，而其精者雖周、孔之微旨不是過也。誠使老、釋之精者雖周、孔不是過，則何以生於其心，發於其事，繆戾如彼哉！況周孔之書具在，苟得其解，皆不可以强通。使程、朱而聞後學者之言如此，知必急急然正之也。然則戴氏之書，非故爲異同，非緣隙釀嘲，非欲奪彼與此，昭昭甚明矣。至謂治經之士宜有家法，非爲宋學，卽爲漢學，心性之說，賈、馬、服、鄭所不詳，今爲賈、馬、服、鄭之學者亦不得詳。夫言性言心，亦不自宋以後興也，周末諸子及秦、漢閒著書立說者多及之。其辭雖殊，其意究無大異，凡以勸學立教而已。惟老聃、莊周之書乃有沖虛之說、真宰之名，不寄於事，不由於學，謂之返其性情而復其初。魏、晉之閒，此學盛興，而諸佛書流入中土，亦適於此時爲盛。其書本淺妄無足道，譯者雜以老、莊之旨，緣飾其說，大暢玄風。唐傅奕曾言其事矣，然而未敢以入儒書也。至乎昌黎韓氏力闢佛、老，作爲原道等書，使學者昭然知二氏之非。而其時佛氏之說入人既深，則又有柳子厚之徒，謂『韓氏所罪者其迹也，忿其外而遺其中，譬之知石而不知韞玉。彼其不可斥者，往往與易、論語合，不與孔子異道也。』此說一出，後之學者往往執是說以求之易、論語，而所謂易、論語者，則又專用魏王氏之注與何氏之集解，其人本深於老、釋，其說亦雜於二家，此則宜其有合也。歷唐之末，逮宋之初，此論紛紜，固結而不可解。於是讀易、論語書者，或往往先從事於二氏，因卽以其有得於二氏之精者以說易、論語之書。是以眉山蘇氏作六一居士集序曰『新學以佛、老之似亂周、孔之真，識者憂之』也。宋熙寧以後，此弊日深；至於姚江王氏之學行，則直以佛書釋論、孟矣。彼賈、馬、服、鄭當時蓋無是弊，而今學者束髮受書，言理言道，言心言性，所謂理道心性之云，則皆六經、孔、孟之辭；而其所以爲理道心性之說者，往往雜乎老、釋之旨。使其說之果是，則將從而發明之矣；如其說之果非，則治經者固不可以默而已也。如使賈、馬、服、鄭生於是時，則亦不可以默而已也。前之二說，閣下苟詳察之，亦知戴氏之非私於其學，而榜之非私於戴氏矣。至於聞道之名不可輕以許人，猶聖賢之不可學而至，如閣下以此爲慮，此其猶存乎後儒之見也。孟子謂『聖人人倫之至』；首陽之義，孔子稱曰：『古之賢人。』夫聖賢不可至，蓋在是矣。雖然，安可以自棄乎哉！若夫高談深遠者謂之知道，不言而躬行者謂之未聞道，及夫治經訓者謂之儒林，明性道者謂之道學，此固戴氏所不道，而榜所望於閣下表揚之者，亦不在是也。夫戴氏論性道，莫備於其論孟子之書，而所以名其書者，曰孟子字義疏證焉耳。然則非言性命之旨也，訓故而已矣，度數而已矣。要之，戴氏之學，其有功於六經、孔、孟之言甚大，使後之學者無馳心於高妙，而明察於人倫庶物之閒，必自戴氏始也。惟閣下裁察焉。」

榜弟梧，字桐生，乾隆庚子召試中書，庚戌成進士，授庶吉士，散館，授編修，官至沂州府知府。博古通今，兼工詞翰。榜同邑有汪萊者，字孝嬰，藩之密友也，優貢生。大學士禄康薦修國史天文志，議敍，以教官用，選石埭縣訓導。深於經學，十三經注疏皆背能誦如流水，而又能心通其義。人有以疑義問者，觸類旁通，畧無窒礙。尤善㊀曆算，通中西之術，著有衡齋算學刊行於世。與元和李尚之鋭論開方題解及秦九韶立天元一法，不合，遂如寇仇，終身不相見。噫，過矣！然今之學者，大江以南惟顧君千里與孝嬰二人而已，烏可多得哉！孝嬰之友有歙人羅子信者，名永符，丁卯舉於鄉，辛未成進士，選庶吉士。善讀書，通經達史，工詩古文，亦瓌奇之士也。洪瑩字賓華，甲子舉人，己巳恩科第一人及第，授修撰。淹通經史，五經皆有撰述，亦歙人也。

汪元亮

汪元亮，字明之，一字竹香，元和人。爲諸生時，有文譽，與同郡余古農師、薛香聞師結詩社於城東，睥睨餘子，不可一世。乾隆壬午，與戴君東原同舉於鄉，相親善，乃究心經義及六書之學。平生論學，則推東原及程君易疇，論詩文則推古農師。屢上公車不第，以教授生徒自給，從游者多掇科第去，而君以孝廉終，命也夫！少時得狂疾，忽已忽作，作時不省人事，日夕叫駡，纏綿幾二十年。所有著述，於疾作時皆投諸火，僅存詩古文而已。

㊀「善」，原作「能」，各本俱作「善」，據改。

孔廣森 李文藻 桂馥

孔廣森，字衆仲，一字撝約，又字顨軒，曲阜人。年十七，中乾隆戊子科舉人。辛卯，成進士，官檢討。旋丁內艱，服闋補官，淡於世情，陳情歸養。忽遭家難，爲訟所累，扶病奔走江、淮、河、洛閒，卒卒無歡悰。未幾，居大母與父喪，竟以哀毀卒。卒年三十有五。

少受經於東原氏，爲三禮及公羊春秋之學。能作篆隸書，入能品。尤工駢體文，汪明經中、孫觀察星衍亟稱之。其序戴氏遺書曰：

「緬惟樂遊講藝，訪太傅於石渠；元日談經，坐侍中於重席。時則玉羊既遠，金虎初開；著學官者凡十四家，説稽古者成數萬字。至若五是六沴之徵，定君陽武；三科七缺之法，弊獄淮南。士苟通經，皆能致用。蓋原其授受，本屬參商；敍其世年，未睽昌闕。是以祖之前師，沿之後葉，北方戎馬，不能屏視月之儒，南國浮屠，不能改經天之義。夫學有優劣者，時也；經有顯晦者，數也。五君晚出，非漢博士之傳；千禩相仍，廢鄭司農之注。縱橫異説，別創先天；顛倒聖文，悉更後定。特以腐儒炫視，易謬驪黃；末士明經，原求青紫。但遵甲令，粗知帖括之詞；疇克庚言，紹彼先民之作！敏而好學，信而好古，惟於戴君見之已。「君以梅姚售僞，孔蔡謬悠；妄云壁下之書，猥有航頭之字。古文一卷，衹出西州；小序百篇，舊名北斗。正謨攝誥，歷黃序而僅存；月采豐刑，遘赤眉而已燼。乃或誤援伊訓，滋元年正月之疑；强執周官，推五服一朝之解。譬之爭年鄭市，本自兩非；議瓜驪山，良無一是。是用翦除假託，折衷羣淆，步驟五三，目錄四七，爲尚書義考未成，成堯典一卷。「又以要聞五際，尚論四家。毛傳孤行，是觴源於牟妙；鄭箋破字，每毫采於輶嬰。莫不假聲注文，以意逆志，誠古訓之所式，多識之所資也。雖其篇冠以敍，擇焉不精，或云託諸西河，或云造諸東海。然嗣衿貽玖，何必欲色之音；交扈羅鴽，實爲陳古之刺。爲毛鄭詩考正四卷，別爲詩補傳未成，成周南、召南二卷。君之入書局也，西京客史，夙善徐生；東觀中文，遂分淹禮。乃取忠甫識誤，德明釋文，殫求豕亥之差，期復鴻都之舊。互相參檢，頗有整齊。削康成長衍之條，退喪服廁經之傳。爲儀禮正誤一卷。鄭斤粤鎛之篇，備遺事職；穹蓋星弓之教，首列巾車。九經九緯，營國有方；五溝五涂，奠水有則。尋筵既度，遂知洛邑之朝；圭槷未懸，孰辨營邱之夕！以至肆懸舞甬，五等琮瓚；槐里樽空，椎成劒沒。大夫嫁女之器，未必皆真；單于賄漢之銘，何嘗盡僞！諶鑑之所畫繢，梁聶之所更釐，不有參稽，將無競爽！爲考工記圖二卷。古者冕服以祭，弁服以朝，祭則衣純，朝則衣布。芾形連帶，制異於直方；屨色從裳，次分於繢繡。周壇饗帝，大裘降繁露之華；魯禘嫌王，旒璪飾丹雞之祝。等威昭焉，文質備焉。道學起而儒林衰，性理興而曲臺絕。齊秦委武，莫識稱名；殷夏圜章，焉能考據！溯增冰於積水，示祭海於先河。爲學禮篇一卷，冠其文集十卷之首。且夫一陰一陽之爲道，見仁見知之爲性，通於六籍之爲學，辨於萬事之爲理。謂理具靈臺，則師智者得；謂學遺象罔，則悟寂者先。豈有畧窺語錄，便詡知天；解斥陽明，即稱希聖！信洛黨之盡善，疑孟氏之未醇，其説空空，其見小小。蓋繹鄭君生質之訓，誦周雅教木之箋，所謂受中自天，秉彝攸好，孔提可案，漢學非譌。爲原善一卷，孟子字義疏證三卷，大學中庸補注各一卷。君之學術，此其大端歟！「景純有云：『爾雅者，九流之津涉，六藝之鈐鍵。』虎闈小學，未束髮而知書；豹鼠奇編，不下席而觀古。故辨言之樂，對於三朝，首基之文，問於五始。至於殊方別語，絶代離詞，皆轉注之指歸，亦凡將之墜緒。爲爾雅文字考十卷，方言考證十三卷。書教有六，最夥諧聲；叔重無雙，惟傳解字。若乃部分平仄，母別見溪。官家恨狹，羊戎之所自爲；天子聖哲，梁武之所不信。古人韻緩，止屬椎輪；後世音繁，實精引墨。君審其清濁，導以源流。旁通反紐，發周、沈之舊聞；上協詩、騷，採顧江之新義。爲聲韻考四卷，聲類表十卷。於是辨韻之餘，留觀百氏；研音之下，雅愛三閭。以爲娀臺訪女，近窈窕之遺聲；湘水搴芳，續榛苓之逸響。叔師注而未詳，辨、招附而不可，核之漢志，名從主人。爲屈原賦注四卷。自疇人分散，鄒大失居。九章中落，味商高積矩之言；八線西來，竊師氏旁要之算。而耳聽下士，穴見小儒，不知五五之開方，輒薄九九之賤技。哨壺斗五，律管徑三，元晦以之存疑，季通以之强説。未知紀步，何能讀宅柳之經！未曉倨句，何能治上輿之記！爲九章補圖一卷，原象一卷，古曆考二卷，曆問二卷。昔趙商難禮，先求五服之方；景伯受詩，即涉七州之地。君山川能説，郡縣成圖。酈元故籍，證其繇褫；崑渤今流，條其脈絡。爲戴氏水經注四十卷，水地記一卷，直隸河渠書六十四卷。嗚呼君之著書可謂博矣；君之見道可謂深矣。向使壽之以年，行其所志，下安輪於都尉，授梯几於鴻臚。雍宮未建，命曹褒以定儀；大予將成，詔宋登而持節。雖復辨卿訟闕，公羊未必能明；子駿移書，逸禮難其置立。而太山郡將，北面稱師；上蔡通侯，西行受業。則何湯㊀。既貴，輜車方賜於

㊀「何湯」，原作「河陽」，據後漢書桓榮傳改。

五更；君上從游，録牒庶多於萬計。豈謂陰堂告祲，圓石鐫名，一經之寫定無年，三歲之瓊瑰已夢！清明卷佚，長封下馬之陵；通德人亡，不待嗟蛇之歲。然而太玄覆瓿，終遇桓譚；都養陳譔，彌尊伏勝。鄭鄉絶學，倘千百載而重興；戴氏遺書，於十三經其有補。悲懷逝者，延佇將來。」

廣森深於戴氏之學，故能義探其原，言則於古也。世人徒賞其文詞之工，抑亦末矣。著有大戴禮記注十三卷、儀鄭堂文集二卷。

繼涵，字葒谷，乾隆庚辰科舉人，辛巳成進士，官至户部郎中。其子廣栻，東原之壻。繼涵深於三禮，校刊微波榭叢書，廣森之叔也。

同時有李南礀者，名文藻，字素伯，一字茝晚。先世自棗强遷益都，遂爲益都人。文藻天資俊朗，年十三，從父遠游曹家亭，作記一篇，仿赤壁賦，見者以爲神童。二十一，補邑庠生。乾隆己卯，中式本省舉人。明年，成進士。久之，謁選廣東恩平縣知縣。三年俸滿，擢桂林府同知，未及一年卒。居官有政績，粵人至今稱之。性好博覽，不爲世俗之學，聚書數萬卷，手自讎校，丹鉛不去手。又好碑版文字，游歷所至，學宫、寺觀、巖崖、石壁，必停驂搜討。有僕劉福者善椎拓，攜紙墨以從，有所得，盡拓之。又有一僕，忘其名，因拓摩崖刻石，失足墮崖死，文藻哭之慟。生平樂道人善，表章潛德。如濟陽張處士稷若、元和惠徵君定宇、婺源江君慎修，訪其遺書刊行之，名曰貸園叢書。德州梁鴻翥窮老篤學，月必誦九經一過，鄉里目爲癡人，文藻一見奇之，爲之延譽，遂知名於世。

曲阜桂馥，字未谷，亦深小學。乾隆己酉科舉人，庚戌成進士，選教授，保舉知縣，補雲南永平縣知縣，卒於官。工篆刻，世人重其技，擬之文三橋云。所著有許氏說文解字義證五十卷、札樸十卷。

近日山左學者，以郝君懿行爲巨擘焉。懿行字恂九，棲霞人，嘉慶己未進士，官主事。著有山海經注，乃實事求是之學，若近世標竊膚淺者，豈可同日而語哉！棲霞又有牟廷相，字默人，覃谿學士爲藩言之，後晤萊陽趙君曾，始知其治今文尚書。趙君字北嵐，乾隆己酉舉人，分發江蘇以知縣用。性好古錢及金石文字。治經，爲今文尚書、三禮、左氏、春秋之學，亦山左之翹楚也。又有濟寧進士許君鴻磐字漸逵者，安徽候補同知，深於輿地之學，亡友淩君次仲亟稱之。後見所著雪帆雜著一册，皆辨駁地理之說，不在朏明祖禹之下。其論內地及外裔山川，瞭如指掌，蓋四方經緯洞徹胸中，故不爲皮傅之言也。在京師與戴君金溪談其雪帆雜著，金溪曰：「許君曾官指揮，當時以俗吏目之，失許君矣。」又有膠州王夏，字蜀子，號大村，邑諸生。喜爲詩，與高密詩人李少雀兄弟友善。好學篤古，尤邃於經，其持論多發前人所未發。所有著述，祕不示人，於趙君北嵐處見其所作釋稷一篇，穿穴經傳，義明詞達，可謂通人矣。

卷七

陳厚耀

陳厚耀，字泗源，泰州人，康熙四十五年丙戌進士。學問淹通，從梅徵君鼎受曆算，遂通中西之術。李相國光地薦厚耀通曆學，召見，試以三角形，令求中線，又問弧背尺寸，厚耀具劄進呈，稱旨。旋以省親乞歸里。戊子，特命來京。己丑五月，駕幸熱河，至密雲，命寫筆算式進呈。少頃，出御書筆算，問：「知此法否？」對曰：「皇上此法精妙簡便，臣法不可用。」上諭曰：「朕將教汝，汝其細心貫想，以待朕問。」次日，又問曰：「汝能測北極出地高下否？」對曰：「若將儀器測景長短，用檢八綫表可得高度，此乃二分所測之法。若餘節氣，又有加減之法；然亦不準，以地上有朦氣差，以人目視之，有卑高、映小爲大之異故也。」又問：「地周三百六十度，依周尺每度二百五十里，今尺二百里，地周幾何？地徑幾何？」奏云：「依周尺地周九萬里，今尺七萬二千里。以圍三徑一推之，地徑二萬四千；以密率推之，當得地徑二萬二千九百一十八里有奇。」上復問地圜出何書，對以髀算經曾言之。問：「何以見其圜也？」對曰：「職方外紀『西人言繞地過一周，四匝皆生齒所居』，故知其爲圜。且東西測景有時差，南北測星有地差，皆與圜形相合，故益知其爲圜。」

時厚耀以母年高，不忍離，乃就教職，得蘇州府教授。未踰年，召入南書房，上問測景是何法，厚耀求指示，上曰：「此法甚精，不必用八綫表。」卽以西洋定位法、開方法、虛擬法寫示。又命至座旁隨意作兩點於紙上，厚耀隨點之，上用規尺畫圖，卽得兩點相去幾何之法。上從容諭之曰：「堯典敬授人時，乃帝王大事，奈何勿講！」嘗召入至淵鑒齋問難反覆，並及天象樂律山川形勢，得徧觀御前陳列儀器。召至西煖閣，詢問家世甚詳。從至熱河，命賦泉源石壁詩，授中書科中書，傳旨曰：「上道汝學問好，授汝京官，使汝老母喜也。」又諭厚耀曰：「汝嘗言梅瑴成算學甚深，今命來京與汝同修算法。」瑴成至，上問曰：「汝知陳厚耀否？他算法近日精進。向曾受教於汝祖，今汝祖若在，尚將就正於彼矣。」乃命厚耀瑴成並修書於蒙養齋，賜算法原本、算法纂要、同文算指、嘉量算指、幾何原本、周易折中、字典、西洋儀器、金扇、松花、石硯及瓜菓等克什。癸巳，書成，特授翰林院編修。甲午，丁內艱，命賜帑銀，著江蘇織造經紀其喪。服闋，晉國子監司業，擢左諭德兼翰林院修撰，充戊戌會試同考官。己亥，告病，以原官致仕。

所著書有春秋戰國異辭五十六卷、孔子家語注、左傳分類、禮記分類、十七史正譌及天文曆算諸書。又有春秋長曆十卷，乃左傳分類中一門，爲補杜預長曆而作。其凡有四：一曰曆證。備引漢、晉、隋、唐、宋、元諸史志及朱載堉曆書諸說，以證推步之異。又引春秋屬辭杜預論日月差謬一條爲注疏所無，大衍曆議春秋曆考一條亦唐志所未錄，尤足以資考證。二曰古曆。古以十九年爲一章，一章之首，推合周曆正月朔旦冬至。前列算法，後以春秋十二公紀年橫列爲四章，縱列十二公，積而成表，以求曆元。三曰曆編。舉春秋二百四十二年，一一推其朔閏及月之大小，而以經傳干支爲證佐，皆述杜預之說而考辨之。四曰曆存。以古術推隱公元年正月庚戌朔，杜預長曆則爲辛巳朔，乃古術所推之上年十二月朔，謂元年之前失一閏，以經傳干支排次知之。厚耀則謂如預之說，元年至七年中書日者雖多不失，而與二年八月之庚辰、三年十二月之庚戌、四年二月之戊申又不能合。且隱公三年二月己巳朔日食、桓公三年七月壬辰朔日食，亦皆失之。蓋隱公元年以前，非失一閏，乃多一閏。因退一月就之，定隱公元年正月爲庚辰朔，較長曆實退兩月。推至僖公五年止，以下朔閏一一與杜曆相符，故不復續載焉。蓋厚耀精於曆法，視預爲密，於考證之學尤爲有裨，治春秋者不可少此編矣。又有春秋世族譜一卷，亦左傳分類之一門也。卒年七十有五。

程晉芳

程晉芳，字魚門，一字蕺園，江都人，家山陽，饒於貲。喜讀書，蓄書五萬卷，丹黃皆徧。性又好客，延攬四方名流，與袁大令枚、趙觀察翼、蔣編修士銓爲詩歌唱和，無虛日，由此名日高而家日替矣。累試南北闈不售。乾隆二十七年，高宗純皇帝南巡，召試，授中書。後十年，始成進士，改主事。旋授吏部員外郎，與修四庫全書，欽命改翰林院編修。君生而頎長，美鬚髯，酒酣耳熱，縱論時事，則掀髯大笑，少所容貸。至於獎掖後進，則有譽無否也。不善治生，家事皆委之僕人，坐此貧不能供饘粥，以至責户剝啄之聲不絕於耳，而君伏案著書，若無事者然。後乞假游西安，卒於巡撫畢沅署中。君始爲古文詞，及官京師，與笥河師、戴君東原游，乃治經，究心訓詁。著有周易知旨、尚書今文釋義、左傳翼疏、禮記集釋、勉行齋文集十卷、蕺園詩集三十卷。

賈田祖

賈田祖，字稻孫，號禮畊，高郵州人，廩膳生。乾隆四十二年，試於泰州，病經宿而卒。藩亡友汪明經中誌其墓稱：「田祖好學，多所瞻涉。喜左氏春秋，未嘗去手，旁行斜上，朱墨爛然。善爲詩，所作三千餘篇。性明達，於釋老、神怪、陰陽、拘忌及宋儒道學無所惑。伯兄有錮疾，喜怒失中，君事之，曲得其欲。與陽湖洪稚存、同里李惇、王念孫友善。矜立名節，猛志疾邪」云云。蓋力行篤學之士也。藩未識其人，亦未讀其所著書。墓誌云「旁行斜上」者，豈田祖爲春秋之表學歟？然明經不輕許人，其言可信也。

李惇

李惇，字成裕，一字孝臣，高郵州人。祖兼五，父佩玉，皆有篤行。君治經通敏，尤深於詩及春秋三傳之學。晚好曆算，得宣城梅氏書，盡通其術。與同郡劉君台拱、王君念孫、汪君中友善，力倡古學。君内性淳篤，恂恂退讓，不與人較；然遇友朋患難，則尚義有爲，至死不變。久困諸生，以高第將貢於國學，試之前夕，執友賈田祖死，君不入試，親爲棺斂，送歸其家。容甫稱其勇於爲義，有過賁育，非虚語也。乾隆四十四年，己亥，中式舉人。明年，成進士，注選知縣，襆被南歸，不能家食。時謝侍郎墉督學江蘇，延之主暨陽書院。君口不雌黃人物，與世無忤，然忌其學者於侍郎前日貢萋斐之言，侍郎輕信讒言，竟下逐客之令。君嘗謂人曰：「容甫恃才傲物，宜爲時所嫉。予一生謹厚，亦爲世人所忌，豈命宫坐箕宿耶！」後得末疾，終於家，年五十一。

憶昔年君往江陰，留宿藩家，與君然燭豪飲，議論史事，君朗誦史文，往往達旦。明日，藩取史文核之，一字不誤也。藩獲交於君，時年少，好詆訶古人。君從容謂藩曰：「王子雍有過人之資，若不作聖證論攻康成，豈非淳儒哉！」少頃，又曰：「若夫佛氏輪迴因果之說，淺人援儒入墨之論，不可不辨，子車氏所謂『正人心，息邪說』。苟不力闢之，是無是非之心矣。」嗚呼！自君謝世之後，二十餘年，藩坎坷日甚，而情性益戾，不聞規過之言，徒增放誕之行，可悲也夫！君所著有卜筮論、尚書古文說（金縢、大誥、康誥三篇）、毛詩三條辨、大功章爛簡文、明堂考辨、考工車制考、曆代官制考、左傳通釋、杜氏長曆補、說文引書字異考、渾天圖說、羣經識小録、碎金詩文集，藏於家。

江德量

江德量，字成嘉，一字秋史，儀徵人。父恂，字于九，號蔗畦，拔貢生，官至安慶府知府，有政聲。伯父昱，字賓谷，號松泉，江都諸生，讀書好古，爲聲音訓詁之學。又好碑版文字，考核精詳。長於詩，著有瀟湘聽雨録二卷、韻岐五卷、松泉集六卷。德量少承家學，勵志肄經，既長，與同郡汪明經容甫爲文字交，其學益進。乾隆丁酉，選拔貢生，己亥舉人，庚子汪如洋榜第二人及第，授編修，改御史，歷掌浙江江西道。德量精於小學，收藏碑版、法書、名畫、古錢。著有泉志三十卷，又撰廣雅疏，未成而卒。

汪中

汪中，字容甫。先世居歙之古唐里，曾祖鎬京始遷揚州，遂爲江都人。父一元，邑增生。君生七歲而孤，家夙貧，母鄒緝屨以繼饔飧。冬夜藉薪而卧，且供爨給以養親。力不能就外傅讀，母氏授以小學、四子書。及長，鬻書於市，與書賈處，得借閱經史百家。於是博綜典籍，諳究儒墨，經耳無遺，觸目成誦，遂爲通人焉。年二十，李侍郎因培督學江蘇，試射雁賦第一，入學爲附生。時杭太史世駿主安定書院，見君製述，深加禮異，所作詩文必屬君視草。君僑寓真州，沈按察廷芳主樂儀講席，聞君議論，歎曰：「吾弗逮也！」年三十，客游於外，代州馮觀察廷丞、同郡沈太守業富、朱學使筠河先生皆招至幕中，禮爲上客；同時，鄭贊善虎文、王侍郎蘭泉先生、錢少詹竹汀、盧學士紹弓並爲延譽。然母老家貧，中年乏嗣，戚戚少歡，歎世人之不知，悼賦命之不偶，著弔黄祖文、狐父之盜頌以寫懷自傷，而俗子以爲譏刺當世矣。乾隆四十二年，丁酉，謝侍郎墉督學江蘇，選拔貢生，每試，別置一榜，署名諸生前，謂所取士曰：「若能受學於容甫，學當益進也。」又曰：「予之先容甫，以爵也；以學，則北面事之矣。」容甫以勞心故，病怔忡，聞更鼓雞犬聲，心怦怦動，夜不成寐，是以不與朝考，絶意仕進。乾隆五十一年，丙午，朱文正以侍郎典試江南，思得君爲選首，不知君不與試也。君感知遇之恩，上書侍郎請執弟子禮。侍郎旋奉命督學浙江，君往謁時，爲述揚州割據之迹，死節之人，作廣陵對三千餘言，博徵載籍，貫串史事，天地閒有數之文也。文多不載。後畢尚書沅開府湖北，君往投之，命作琴臺銘，甫脫稿，好事者争寫傳誦。其文章爲人所重如此。

君治經宗漢學，謂國朝諸儒崛起，接二千餘年沈淪之緒，通儒如顧寧人、閻百詩、梅定九、胡朏明、惠定宇、戴東原，皆繼往開來者。亭林始闓其端；河洛圖書至胡氏而绌；中西推步至梅氏而精；力攻古文者，閻氏也；專治漢易者，惠氏也；及東原出而集大成焉。擬作六儒頌，未成。好金石碑版，嘗從射陽湖項氏墓得漢石闕孔子見老子畫像，因署其堂曰問禮。君性情伉直，不信釋老、陰陽、神怪之說；又不喜宋儒性命之學，朱子之外，有舉其名者，必痛詆之。每謂人曰：「周禮天神、地示、人鬼；今合而爲一。如文昌，天神也；東嶽，地示也；先聖先師，人鬼也。天神地示，世俗必求其人以實之，豈不大愚乎！」且言世多淫祀，尤爲惑人心，害政事。見人邀福祠禱者，輒駡不休，聆者掩耳疾走，而君益自喜。於時流不輕許可，有盛名於世者必肆譏彈。人或規之，則曰：「吾所駡者，皆非不知古今者，惟恐莠亂苗爾。若方苞袁枚輩，豈屑屑駡之哉！」然錢少詹事竹汀、程教授易疇、王觀察懷祖、孔檢討衆仲、劉訓導端臨、李進士孝臣諸君子，或以師事之，或以友事之，終身稱道弗衰焉。事母至孝，家無儋石儲，而參朮之進，瀡瀡之奉，嘗稱貸以供。母疾篤，侍疾晝夜不寢，滌牏之事不任僕婢，無愁苦之容，有孺子之慕。吁！可謂孝矣！生平篤師友之誼，一飯之恩，終身不忘也。

君中年輯三代學制及文字、訓詁、制度、名物有係於學者，分別部居，爲述學一書，屬稿未成；後乃以撰著之文分爲述學內、外篇刊行之。又采揚州故實，始春秋，至楊吳，作廣陵通典，藏於家。

君一生坎軻不遇，至晚年，有鹺使全德耳其名，延君鑒別書畫，爲君謀生計，藉此稍能自給，而鹺使素不以學問名。嗟夫！當世士大夫自命宏奬風流者，皆重君之學而不能周其困乏，於以知世之好真龍者鮮矣。乾隆五十九年，因校勘文宗閣四庫全書，往浙江借書讎對，卒於西湖之葛嶺園僧舍。盧學士抱經、鮑丈以文、梁君玉繩，經紀其喪以歸。卒年五十一。子喜孫，字孟慈，嘉慶丁卯科舉人，能讀父書，長於考據，傳其學。

藩弱冠時，卽與君定交，日相過從。嘗謂藩曰：「予於學無所不窺，而獨不能明九章之術。近日患怔忡，一搆思則君火動而頭目暈眩矣。子年富力强，何不爲此絕學！」以梅氏書見贈。藩知志位布策，皆君之教也。君少喜爲詩，不爲徘徊光景之作；尤善屬文，士苴韓歐，以漢、魏、六朝爲則。藩最重君文，酷愛其自序一首，今錄於左。

文曰：「昔劉孝標自序生平，以爲比迹敬通，三同四異，後世誦其言而悲之。嘗綜平原之遺軌，喻我生之靡樂，異同之故，猶可言焉。夫亮節慷慨，率性而行，博極羣書，文藻秀出，斯惟天至，非由人力。雖情符曩哲，未足多矜。余玄髮未艾，野性難馴，麋鹿同遊，不嫌擯斥，商瞿生子，一經可遺，凡此四科，無勞舉例。孝標嬰年失恃，藐是流離，托足沙門，栖尋劉寶；余幼罹窮罰，多能鄙事，賃舂牧豕，一飽無時：此一同也。孝標悍妻在室，家道轗軻；余受詐興公，勃谿累歲，里煩言於乞火，家搆衅於蒸梨，蹀躞東西，終成溝水：此二同也。孝標自少至長，戚戚無懽；余久歷艱屯，生人道盡，春朝秋夕，登山臨水，極目傷心，非悲則恨：此三同也。孝標夙攖羸疾，慮損天年；余藥裹關心，負薪永曠，鰥魚嗟其不瞑，桐枝惟餘半生，鬼伯在門，四序非我：此四同也。孝標生自將家，期功以上參朝列者十有餘人，兄典方州，餘光在壁；余衰宗零替，顧景無儔，白屋藜羹，饋而不祭：此一異也。孝標倦遊梁楚，兩事英王，作賦章華之宮，置酒睢陽之苑，白璧黄金，尊爲上客，雖車耳未生，而長裾屢曳；余簪筆傭書，倡優同畜，百里之長，再命之士，苞苴禮絶，問訊不通：此二異也。孝標高蹈東陽，端居遺世，鴻冥蟬蛻，物外天全；余卑棲塵俗，降志辱身，乞食餓鴟之餘，寄命東陵之上，生重義輕，望實交隕：此三異也。孝標身淪道顯，籍甚當時，高齋學士之選，安成類苑之編，國門可縣，都人争寫；余著書五車，數窮覆瓿，長卿恨不同時，子雲見知後世，昔聞其語，今無其事：此四異也。孝標履道貞吉，不干世議；余天讒司命，赤口燒城，笑齒啼顔，盡成辠狀，跬步才蹈，荆棘已生：此五異也。嗟夫！敬通窮矣，孝標比之，則加酷焉；余於孝標，抑又不逮。是知九淵之下尚有天衢，秋荼之甘或云如薺，我辰安在，實命不同。勞者自歌，非求傾聽，目瞑意倦，聊復書之。」

藩自遭家難後，十口之家無一金之産，跡類浮屠，鉢盂求食，睥睨紈袴，儒冠誤身，門衰祚薄，養姪爲兒，耳熱酒酣，長歌當哭。嗟乎！劉子之遇酷於敬通，容甫之阨甚於孝標，以藩較之，豈知九淵之下尚有重泉，食荼之甘勝於嘗膽者哉！

顧九苞　顧鳳毛

顧九苞，字文子，興化人。博聞强記，長於毛詩、三禮。母任，子田之祖姑，通經達史。文子之學，母之教也。文子乾隆四十六年辛丑成進士，未幾卒。子鳳毛，字超宗，號小謝，亦受經於祖母。年十一，通五經。著有毛詩集解、董子求雨考、楚詞韻考、入聲韻考。乾隆四十九年，甲辰，高宗純皇帝南巡，召試，欽取二等。後中戊申科副榜。卒年二十七。

劉台拱

劉台拱，字端臨。先世自蘇州遷居寶應。父世謩，官靖江縣訓導。君生而岐嶷，不好弄，就塾讀書，不離几席。九歲，作顏子頌，斐然成章，觀者稱爲神童。年十六，爲邑庠生。二十一，中乾隆三十七年辛卯科舉人。屢試禮部不第，銓授丹徒縣訓導。君少失恃，事繼母鍾如母。丹徒去寶應三百里，每年必迎二親至學署，奉養無缺，得親歡心。體夙清羸，疊遭大故，飯疏食淡，哀毁過情，卧病不起。卒年五十有五。君六世祖永澄問學於蕺山，以躬行實踐爲主，子孫世傳其學。至君，又習聞王予中朱止泉之緒論，深研程朱之行，以聖賢之道自繩；然與人游處，未嘗一字及道學也。君學問淹通，尤邃於經，解經專主訓詁，一本漢學，不雜以宋儒之説。著有論語駢枝一卷、荀子補註一卷、漢學拾遺一卷、經傳小記三卷、古文集一卷。君勤於讀書，嬾於著述，不似今人鹵莽成書，動輒盈尺也。

鍾襃

鍾襃，字保其，一字葮崖，甘泉人。與阮侍郎元、焦孝廉循相善，共爲經學，旦夕討論，務求於是。君淡然無欲，以讀書爲樂。生平篤實，敦善行，交遊中稱爲君子。嘗撰漢儒考，較陸元朗所載增多十餘人；又有祭法考諸書。舉優貢生卒。阮侍郎爲刻考古録四卷。

徐復

徐復，字心仲，江都人。本農家子，所居南鄉，乃互鄉也，有子弟讀書者，必羣起譁之。心仲少孤，喜讀書。其兄使之牧，乃棄牛而逃，至郡西僧寺中爲僧，供灑掃之役以餬口，暇則誦讀，恆達旦不寢。一日，焦孝廉循憩寺中，見其所誦之五經及所作制義，大奇之，爲之延譽，於是爲鄉塾童子師。未幾，補諸生，遂從事於經史之學。甲寅省試，與友人江都黄君承吉同寓，黄君詰以九章算法，不能答，以爲恥，典衣購算書歸。時君攜婦入城，與藩所賃之屋衡宇相望，薄暮時即執算書一册來相質問，未及一年，弧三角之正弧、垂弧、次形、矢較諸法，皆能言其所以然矣。後得虚損疾，危篤時猶手執北齊書與友人講論，語未畢而逝。著有論語疏證，藩爲之序。

君没後無子，婦歸南鄉，其兄鬻爲土豪妾，而婦不知也。詎以上冢，賺至豪家，婦忽舉止異常，行狀聲音宛如心仲，指豪大呼曰：「汝何人，敢買我妻爲妾乎！」婦遂仆地，其兄遁去。俄頃，婦醒，遽入廚取廚刀自刎死，其兄至今無恙也。先世有良田百畝，其兄惡心仲不務農而讀書，疾之如仇，乃避兄居城中，不食兄之粟。其死也，能爲厲以全妻之節，而不禍其兄，豈不欲傷手足之情歟！嗚呼！君生不能叨一第之榮，而身罹六極之備，天之困通人，若此之酷耶！其兄之所爲，天實爲之也。

汪光爔

汪光爔，字晉蕃，號芝泉，儀徵縣廩膳生。其先人韡懷部郎諱棣，與惠徵君松崖、戴編修東原及王蘭泉先生、王光禄西沚、錢詹事竹汀爲莫逆交。晉蕃少承庭訓，習聞諸老宿名論，乃潛志讀書，博通經史。嘗著荑稗釋一篇，其説曰：「孟子五穀章『不如荑稗』，趙注云：『五穀雖美，種之不成，則不如荑稗之草其實可食。』按荑之説凡五。説文：『荑，草名也。』爾雅『莁荑，蔱藸』，注云：『一名白蕢。』玉篇：『荑，茅始生。又荑桑也，莁荑也。』廣韻：『荑秀。』詩静女章『自牧歸荑』，傳云『荑，茅之始生』，碩人章『手如柔荑』，傳云『如荑之新生』是也。稗之説凡三。説文：『稗，禾別也。』釋文引字林云：『禾別名。』玉篇：『稗，秕也。』廣韻：『稗，稻也。』又稗草似穀。戴侗六書故：『稗葉純似稻，節間無毛，實似蕢，害稼。』後漢書光武紀『建武三十一年，陳留雨穀，形如稗實』，李賢引左傳杜注云『草之似穀者』是也。但『荑稗』之『荑』當爲『蕛』而非『荑』，按説文：『蕛，英也。』爾雅『蕛英』，注云：『蕛似稗，布地生，穢草。』則蕛之狀可識。莊子秋水篇『蕛米之在太倉』，又云『知天地之爲稊米也』，釋文引司馬云『稊米，小米也』，李云『蕛，草也』。則蕛之實可考。孟子言五穀不熟而比以蕛稗者，取其類也。且莊子知北游又云『道在蕛稗』，釋文作

『苐薜』，李云『二草名』，又云『本又作稊稗』。而爾雅釋文云『蕛又作稊』，引莊子云：『道在稊稗是也。』則『蕛稗』或作『稊稗』，或作『苐薜』，斷不作『荑稗』，是『蕛英』之『蕛』不同『茁荑』之『荑』明矣。說文禾部無『稊』字，或缺耳。稗爲禾别者，以其形似禾而别於禾，徐曰『似禾而别』是也。玉篇誤以爲秕。說文：『秕，不成穀也。』『稗』無『秕』訓，『秕』亦無『稗』訓，以稗爲秕者，乃俗解，非古訓也。廣韻又誤以爲稻，說文『稻，稌也』，亦無『稗』訓。唯其異於稻，所以有禾别之名，若稻，則何别矣！或疑易大過『枯楊生稊』，李氏易傳引虞翻易注云：『稊，穉也。楊葉未舒。』則字本作『稊』。釋文引鄭氏易注云：『枯謂无姑山榆，荑木更生山榆實。』則字又作『荑』。是『蕛』『荑』二字似可通，非也。按詩七月章『猗彼女桑』，傳云『女桑，荑桑也』，疏云『取周易「枯楊生荑」之義』，亦作『荑』而不作『稊』。可見凡木更生皆爲荑，則大戴禮夏小正『柳稊』亦當作『柳荑』而不作『柳稊』矣。『生荑』之『荑』不得誤爲『稊』，則『稊稗』之『稊』亦不得訛爲『荑』；但篆文二字相近，或傳寫之錯耳。」又辨惠氏易爻辰圖之謬，予服其精深，文多不載。晉蕃夙患哮疾，羸瘦骨立，丁卯秋八月，應省試歸，病復作，遂卒，年四十有三。病中尚手批大戴禮、文選不置云。阮梅叔亨刻其遺稿入瀛舟筆談、淮海續英靈集。

李鍾泗

李鍾泗，字濱石。其先阜寧人，父世璉賣卜揚州市，遂居甘泉。濱石讀書，性善記，人所作文，一覽即能闇誦。治經深於左氏春秋，撰規規過一書，抑劉伸杜。焦孝廉循稱其書精妙詳博，而藩未之見也。

濱石少孤，從黃大令洙讀四子書，黃君愛其聰穎。忽棄而學賈，一日誤碎肆中玻璃缸，賈者責之，濱石大哭。黃君適過之，曰：「所碎之器，我償汝值。」賈者遜謝。乃攜濱石歸，謂其母曰：「此子能讀不能賈，而使之賈何哉？」母曰：「家貧不能供脩脯。」黃君曰：「第從我讀，何脩脯爲！」一年之後，補邑庠生，文名大著。嘉慶六年，辛酉，舉於鄉，其學益進。嘗從藩問喪禮，往覆問難，發人所未發。赴禮部試不第，殁於京師。

淩廷堪

淩廷堪，字次仲，一字仲子，歙人也。父文焻，字燦然，自歙遷於海州之板浦場，遂家焉。君十二歲，卽棄書學賈，偶在友人家見詞綜、唐詩別裁集，攜歸就燈下讀，遂能詩及長短句。浙人張賓鶴見其詩詞，大奇之，告之板浦場大使湯某，某敬禮之，邀君至揚州。是時，鹺使置詞曲館，檢校詞曲中之字句違礙者，從事讎校，得脩脯以自給。君之精於南北曲而能分別宮調者，基於此也。久客邗江，爲華氏贅壻。與黃明經文暘交，明經勉君爲舉子業，始學作八股文，讀五經，是時年已二十五矣。後遊京師，受業於翁覃谿學士，乃究心經史之學。乾隆戊申順天副榜貢生。己酉，中式本省舉人。庚戌，成進士，銓授寧國府教授。迎生母王至學署，先意承志，得親歡心。母偶不懌，必長跪以請，俟母笑乃起。母没，哀毁骨立，眚一目，而妻亦相繼殂謝。孑然一身，居恆不樂，至徽州依程君麗仲，麗仲以師禮事之。阮侍郎芸臺服闋，復爲浙江巡撫，延之課子，得末疾，終於歙。君病時，麗仲贈以紫團手煎湯藥，其死也，經紀其喪，擬之古人，其范巨卿之流歟！君無子，應繼兄子嘉錦，嘉錦先君卒。嘉錫兄嘉錫在海州聞訃，以次子名德後嘉錦，爲君之承重孫。

君讀書破萬卷，肆經，邃於士禮，披文摘句，尋例析辭，聞者冰釋。至於聲音、訓詁、九章、八綫，皆造其極而抉其奧。於史，則無史不習，大事本末，名臣行業，談論時若瓶瀉水，纖悉不誤。地理沿革，官制變置，元史姓氏，有詰之者，從容應答，如數家珍焉。近時講學者喜講六書，孜孜於一字一音，苟問以三代制度，五禮大端，則茫然矣。至於潛心讀史之人，更不能多得也。先進之中，惟錢竹汀邵二雲兩先生，友朋中則李君孝臣、汪君容甫及君三人而已。其於詩也，不分唐宋門户，專論聲韻之協，對偶之工。詩餘亦不主一家，而嚴於律。今人之詞有一字不合者，必指摘之。雅善屬文，尤工駢體，得漢魏之醇粹，有六朝之流美，在胡穉威孔巽軒之上，而世人不知也。

弟子中最著者：儀徵阮君常生，字壽昌，一字小芸，從君授士禮，校刻禮經釋例十三卷。小芸好學深思，不以才地矜物，恂恂君子也。宣城張君其錦，字褧伯，廪膳生，精研章句，不墮師承。聞君没，徒步至歙訪君遺書，無所得；又北走海州，於敗簏中攟拾殘稿，假居僧寺，輯録以歸。得燕樂考原六卷、元遺山年譜二卷、充渠新書二卷、校禮堂文集三十六卷、詩集十四卷、梅邊吹笛譜二卷，將謀剞劂，可謂不負師門矣。嗟乎！君冷宦無家，白頭乏嗣，雖死故鄉，實同旅殯，亦生人之極哀也已！然而懷方之禮付於戚生，昌黎之文編煩李漢，斯又不幸中之幸也。

君久客揚州，如劉君端臨、汪君容甫諸君子，以及宋君守端、秦君敦夫、焦君理堂、阮君伯元、楊君貞吉、黃君春谷，皆君之友也，援寓公之例，記於郡人之末云。守端名綿初，高郵州人，乾隆丁酉拔萃科，選儒學訓導。邃深經籍，尤長於詩，著有韓詩內傳徵四卷。子保，字定之，廩膳生，候選訓導，精於聲音訓詁之學。敦夫名恩復，一字澹生，江都人，乾隆癸卯舉人，丁未進士，授編修。讀書好古，所居五笥仙館蓄書萬卷，以校讎爲事，丹鉛不去手，校刻陶宏景鬼谷子注、盧重元列子注、隸韻諸書。見人謙益不自滿，亦絕口不談學問，是以世無知者。理堂名循，一字里堂，江都人，家黃子湖，嘉慶辛酉舉人。聲音、訓詁、天文、曆算，無所不精。淡於仕進，閉户著書，五經皆有撰述。刊行者，羣經宮室圖考、理堂算學、北湖小志。伯元名元，一字芸臺，儀徵人，乾隆丙午舉人，己酉進士，授編修，官至浙江巡撫，今官詹事府少詹事。於學無所不通，著有考工車制考、石經校勘記、十三經注疏校勘記、曾子注、論語論、仁論、疇人傳等書。貞吉名大壯，一字竹廬，甘泉人，昭武將軍之裔也。以世襲起家，官至安徽參將。病廢回籍，日讀古經注疏，尤精於曆算律呂之學。春谷名承吉，字謙牧，江都人。嘉慶戊午科解元，乙丑成進士，以知縣用，分發廣西，補興安縣知縣，今罷官歸。天資過人，爲漢儒之學，篤志研究，得其精微。通曆算，能辨中西之異同。又工詩古文，自出機杼，空無依傍，寓神明於規矩之中，不屑爲世俗之詩文者也。又有儀徵許珩者，字楚生，能詩。讀周官經，時有所得，著周禮獻疑七卷，能疑所當疑，不疑所不當疑，亦近時有心之士也。

卷八

黃宗羲

黃宗羲，字太沖，餘姚人，忠端公尊素之長子也。生而岐嶷，垂髫讀書，不事舉業。年十四，補博士弟子員。時魏忠賢弄國柄，戕害清流，忠端遭羅織，死詔獄，有覆巢毀卵之虞。宗羲奉養王父及母，以孝聞。讀書畢，夜分伏枕嗚嗚哭，不敢令堂上知也。思宗卽位，攜鐵錐，草疏入京訟冤。至則逆奄已死，有詔卹死奄難者，贈官三品，予祭葬，蔭一子。乃詣闕謝恩，疏請誅曹欽程李實，蓋忠端削籍，乃欽程奉奄旨論劾，而李實則成丙寅黨禍之首者也。得旨：刑部作速究問。崇禎元年五月，會訊許顯純崔應元，對簿時，出所袖錐錐顯純，流血滿體。顯純自訴爲孝定皇后外甥，律有議親之條，請從末減。宗羲謂顯純與逆奄搆難，忠良盡死其手，幾覆宗社，當與謀逆同科。以謀逆論，雖如親王高煦尚不免誅，況后之外親乎！卒論二人斬。時欽程已入逆案，而李實辨原疏非實所作，乃逆奄取其印信空本塡寫，故墨在硃上；又陰致宗羲三千金，求勿質。宗羲卽奏稱：「李實今日猶能公行賄賂，其辨詞豈足信哉！」於對簿時亦以錐錐之。然丙寅之禍，實由空本塡寫，得減死。獄成，偕同難子弟設祭於詔獄中門，哭聲如雷，聞於禁中。思宗歎曰：「忠臣孤子，朕心爲之惻然！」宗羲與吳江周延祚、光山夏承錐牢子葉咨顏文仲，應時而斃，二人乃斃諸君子於獄中者。思宗憫其忠孝，不之罪也。宗羲在京師，毆應元胸，拔其鬚歸，焚而祭之忠端木主前，乃治葬事。父冤既白之後，日夕讀書，十三經、二十一史及百家、九流、天文、曆算、道藏、佛藏，靡不究心焉。忠端遺命以蕺山劉忠正公宗周爲師，乃從之遊。又約吴越中嚮學者六十餘人共侍講席，力排陶奭齡援儒入釋之邪説。弟宗炎，字晦木，宗會字澤望，並負異才，宗羲親教之，皆成儒者。

崇禎中，復用涓人，逆黨咸冀録用，而在廷諸臣或薦霍維華、吕純如，或請復涿州冠帶。至陽羨出山，特起馬士英爲鳳督。士英以阮大鋮爲援，奄黨又熾，即東林中如錢謙益以退閒日久，亦相附和矣。獨南都太學諸生仍持清議，乃以大鋮覬望南中，心生他變，作南都防亂揭文。宜興陳貞慧、寧國沈壽民、貴池吴應箕、蕪湖沈士柱共議署名，東林子弟首推無錫顧文端公之孫杲，被難諸家推宗羲，縉紳則推周儀部鑣，大鋮銜之。壬午入京，陽羨欲薦宗羲爲中書舍人，力辭不就，遂南歸。甲申之難，赧王立國，大鋮驟起，遂按揭一百四十人，欲盡殺之。時宗羲憂國勢難支，之南都上書，而禍作，同邑有奄黨者糾劉忠正公及三弟子。三弟子者，都御史祁彪佳、給事中章正宸與宗羲也。遂與杲並逮，駕帖未出而大兵至，得免。

南都歸命，踉蹌回浙東。時忠正已死節，魯王監國，孫嘉績熊汝霖以一旅之師畫江而守。宗羲糾黄竹浦子弟數百人，隨諸軍江上，人呼之曰世忠營。黄竹浦者，宗羲所居之鄉也。宗羲請如唐李泌故事，以布衣參軍；不許，授職方司員外。尋以柯夏卿孫嘉績等交章論薦，改監察御史，仍兼職方司事。

總兵陳梧自嘉興之乍浦，浮海至餘姚，縱兵大掠，王職方正中行縣事，集兵民擊殺之。梧兵大噪，有欲罷正中官以安諸營者。宗羲曰：「乘亂以濟私，致干衆怒，是賊也。正中守土，爲國保民，何罪之有！」監國從之。是年，作監國魯元年大統曆，頒之浙東。馬士英南中脫走，在方國安營，欲入朝，朝臣皆言宜誅之。熊汝霖恐其挾國安爲患，曰：「非殺士英時也，使其立功自贖。」宗羲曰：「公力不能殺耳。春秋之孔子豈能加兵於陳恆，但不得謂其不當殺也。」汝霖大慚，謝過焉。遺書總兵王之仁曰：「諸公何不沈舟決戰，由赭山直趨浙西，而日於江中放船伐鼓，意在自守也。蕞爾三府，以供十萬之衆，豈能久守乎！」總兵張國柱之浮海至也，諸軍大驚，廷議欲封以伯，宗羲言於嘉績曰：「若封以伯，則國柱益橫，且何以待後來有功者！請署爲將軍。」從其請。又力請西進之策，孫嘉績以所部卒盡付之，與王正中合軍，得三千人。正中，之仁從子也，以忠義自奮，宗羲深結之，使之仁不以私意撓軍事。故諸軍與之仁有隙，皆不能支餉，而宗羲軍獨不乏食。查職方繼佐軍亂，披髮夜走，投宗羲，拜於牀下。宗羲出撫其衆，遂同繼佐西行，渡海，駐潭山，烽火遍浙西。太僕寺卿陳潛夫以軍同行，尚寶司卿朱大定、兵部主事吳乃武皆來會師，議由海寧以取海鹽。因入太湖招吳中豪傑，百里之內，牛酒日至。直抵乍浦，約崇德孫奭爲內應，會大兵已戒嚴，不得前。復議再舉，而王正中軍潰於江上，宗羲走入四明，結山寨自固，殘兵從至者五百餘人。駐軍杖錫寺，微服潛出，欲訪監國消息，爲扈從計，戒部下無妄動。部下不遵節制，擾山中民，民潛焚其寨，部將茅翰汪涵死之。己丑，聞監國在海上，乃與都御史方端士赴之，晉左僉都御史，再晉左副都御史。時方發使拜山寨諸營官，宗羲言諸營之强莫如王翊，乃心王室者亦莫如翊，宜優其爵，使之總諸營以捍海上。朝臣皆以爲然。俄而大兵圍健跳，城中危甚。會蕩湖救至，得免。時熊汝霖、劉中藻、錢肅樂皆死，宗羲失兵無援，與尚書吴鍾巒坐舟中講學，推算歐羅巴曆法而已。

宗羲之從亡也，母氏尚居故里，章皇帝下詔：凡前明遺孽不順命者，録其家口以聞。宗羲聞之，恐母氏罹罪，陳情監國，得請，變姓名歸。鍾巒櫂三板船送三十里外，哭别於波濤中。是年，監國由健跳至翁州，復召宗羲副馮京第乞師日本，之長崎島，不得請。宗羲賦式微之章以感將士，乃回甬上。是時，大帥治浙東，凡得名籍與海上有涉者，即行翦除。宗羲雖杜門息景，然位在列卿，而江湖俠士多來投止。馮侍郎京第結寨杜嶴，即宗羲舊部，大帥習聞其事，宗羲名與馮侍郎並懸通衢。有上變於大帥者，首列宗羲名，捕者益急。宗羲竄匿草莽，東徙西遷，屢瀕於危，然猶挾帛書，招婺中鎮將，遣使入海告警，令爲之備，而不克。弟宗炎與京第交通有狀，被獲，刑有日矣，宗羲潛至鄞以計脱之。慈水寨主沈爾緒難作，牽連宗羲，大帥遣人四出搜捕，乃挈眷屬伏處海隅，草間苟活。迨海氛靖後，聖祖仁皇帝如天之仁，不復根追勝國從亡諸人，宗羲始奉母返里門，復舉蕺山證人書院之會，從之講㈠學者數百人。嘗謂明人講學，襲語録之糟粕，不以六經爲根柢，束書不讀，但從事於游談。學者必先窮經，經術所以經世，乃不爲迂儒。又謂讀書不多，無以證斯理之變；讀書多而不求於心，則又爲僞儒矣。故受其教者，不墮講學之弊，不爲障霧之言。其學盛行於東南，當時有南姚江、西二曲之稱。二曲者，李中孚也。

㈠「講」，粵雅堂叢書本、寶慶勸學書社本作「請」。

康熙戊午，詔徵博學鴻儒，掌院學士葉方藹先以詩寄宗羲，慫恿之，宗羲次韻答以不出之意。方藹商於宗羲門人陳庶常錫嘏，對曰：「是將迫先生爲謝疊山矣。」其事遂寢。未幾，有詔命葉方藹與同院學士徐元文監修明史。宗羲爲世家子弟，家有十三朝實録，復嫻於掌故，方藹與元文又薦宗羲，乃與前大理寺評事興化李清同徵，詔督撫以禮敦遣，宗羲以母老及老病辭。方藹知不可致，乃請詔下浙江巡撫，就家鈔所著書有關史事者付史館；元文又延宗羲子百家及鄞處士萬斯同參訂史事。斯同，宗羲之弟子。宗羲戲答元文書曰：「昔聞首陽山二老託孫於尚父，遂得三年食薇，顏色不壞。今吾遣子從公，可以置我矣。」

宗羲之學出於蕺山，雖姚江之派，然以慎獨爲宗，實踐爲主，不恣言心性，墮入禪門，乃姚江之諍子也。又以南宋以後講學家空談性命，不論訓詁，教學者說經則宗漢儒，立身則宗宋學。又謂昔賢闢佛，不檢佛書，但肆謾罵，譬如用兵，不深入其險，不能勦絶鯨鯢也。乃閱佛藏，深明其說，所以力排佛氏，皆能中其窾要。國難時，遺老以衣鉢晦迹者，久之或嗣法上堂，宗羲曰：「是不甘爲異姓之臣，反爲異氏之子。」弟宗會晚年好佛，爲之反覆辨論，極言其不可。蓋於異端之說，雖有託而逃者，亦不容少寬假焉。

宗羲性耿直，於友朋中多不少可，周囊雲一人之外，皆有微辭。在南都時，見歸德侯朝宗每宴以妓侑酒，宗羲曰：「朝宗之尊人尚在獄中，而放誕如此乎！吾輩不言，是損友也。」或曰：「侯生性不耐寂寞。」曰：「夫人而不耐寂寞，則亦何所不至耶！」時人皆歎爲至論。及選明文，或謂當黜方域文，宗羲曰：「姚孝錫嘗仕金，元遺山終置之南冠之列，不以爲金人者，原其心也。夫朝宗亦若是矣。」乃知其論人嚴，亦未嘗不恕也。

平生勤於著述，年逾八十尚矻矻不休。所著有明儒學案六十二卷、宋儒學案、元儒學案。易學象數論六卷，辨河洛方位圖說之非；授書隨筆一卷，則閻若璩問尚書而答之者。春秋日食曆一卷、律呂新義二卷。少時，取餘姚竹管肉孔勻者，截爲管而吹之，知十二律之四清聲，乃著是書。孟子師說四卷，因蕺山有論語、大學、中庸諸解，獨無孟子，以舊聞於蕺山之説集爲一書，故名師說。明史案二百四十四卷、弘光紀年一卷、隆武紀年一卷、永曆紀年一卷、魯紀年一卷、贛州失事紀一卷、紹武事紀一卷、四明山寨紀一卷、海外痛哭記一卷、日本乞師記一卷、舟山興廢一卷、沙定洲記亂一卷、賜姓本末一卷。汰存録一卷，糾夏考功幸存録也。授時曆故一卷、大統曆推一卷、授時曆假如一卷、西曆假如一卷、回曆假如一卷、氣運算法、勾股圖說、開方命算、測圓要諸書。又有今水經、四明山志、台嶽紀游、匡廬游録、病榻隨筆。明文海四百八十二卷，與十五朝國史可互相參正；續宋文鑑、元文抄，以補呂蘇二家之缺。思舊録、姚江瑣事、姚江文畧、姚江逸詩、自著年譜、明夷待訪録二卷、南雷文案十卷、外集一卷、吾悔集四卷、撰杖集四卷、蜀山集四卷、詩曆四卷，又分爲南雷文定、南雷文約，合之得四十卷。明夷留書一卷，言王佐之畧，崑山顧絳見而歎曰：「三代之治可復也！」又欲修宋史而未成，僅存叢目補遺三卷。宗羲以古文自命，有志於明史，雖未預修史，而史局遇有大事疑事，必咨之。其論古文曰：「唐以前句短，唐以後句長；唐以前字華，唐以後字質；唐以前如高山深谷，唐以後如平原曠野。自唐以後，爲文之一大變，然而文章之美惡不與焉。其所變者，詞而已；所不可變者，雖千古如一日也。」此論足以掃近人規橅字句之陋習矣。晚年，愛謝皋羽晞髮集，注冬青樹引、西臺慟哭記，蓋悲皋羽之身世蒼涼，亦以自傷歟！康熙戊辰冬，營生壙於忠端墓側，中置石牀，不用棺槨。子弟疑之，作葬制或問一篇，援趙邠卿之例，毋得違命。自以身遭國難，期於速朽，不欲顯言也。卒之日，遺命一被一褥，即以所服角巾深衣斂，遂不棺而葬。卒年八十有六。門生私謚曰文孝，學者稱爲南雷先生云。

顧炎武

顧炎武，本名絳，乙酉，改名炎武，字寧人，學者稱爲亭林先生。顧氏爲江東望族，五代時由吳郡徙徐州，南宋時遷海門，已而復歸吳下，遂爲崑山人。其先世在明正德間有工科給事中、廣東按察使司僉事溱，溱之弟濟，刑科給事中。濟生兵部侍郎廣志，侍郎生左贊善紹芳及國子生紹芾。紹芳生官廕生同應。同應之仲子，即炎武也。紹芾生同吉，早卒，聘王氏，未婚守節，以炎武爲之後。炎武生而雙瞳子中白邊黑，見者異之。讀書一目十行。性耿介，絶不與世人交，獨與里中歸莊善，同游復社，相傳有「歸奇顧怪」之目。母王養炎武於襁褓中，撫育守節，事姑孝，曾斷指療姑疾。崇禎九年，直指王一鶚請旌於朝，報可。乙酉之夏，母王年六十，避兵常熟，謂炎武曰：「我雖婦人，然受國恩矣，設有大故，必死。」是時，炎武方應崑山令楊永言之辟，與嘉定諸生吳其沆歸莊共起兵，奉故鄖撫王永祚以從夏文忠公於吳江東，授炎武兵部司務。事不克，永言遁去，其沆死之，炎武與莊脱走，母王氏不食卒，遺言後人勿事二姓。次年，閩中使至，以職方郎召，炎武念母氏未葬，辭不赴。次年，幾豫吳勝兆之禍。葬事畢，將之海上，道梗不前。庚寅，有怨家欲陷之，僞作商賈，由嘉禾竄京口，遂之金陵，謁孝陵，變姓名爲蔣山傭。甲午，僑居神烈山下，遍遊沿江一帶以觀山川之勝。有三世僕陸恩見炎武久不歸，投身里豪家，炎武四謁孝陵回，持之甚急。恩欲告炎武通海，乃亟禽之，數其罪沈之水。恩之壻某復投里豪，謀報怨，以千金賄太守，告炎武通海，不繫之訟曹而繫之奴家，甚危急。有爲求救於錢謙益，謙益欲炎武自稱門下而後許之；其人知不可，而恐失事機，乃私書一刺與之。炎武聞之，急索刺還，不得，列揭文於通衢以自白。謙益聞之曰：「寧人何其卞也！」時有路舍人澤溥者，故相文貞公振飛之子，寓洞庭東山，識兵備使者，爲之愬冤，其事遂解。乃五謁孝陵，遂北行墾田於章邱長白山下。戊戌，遍遊北都，謁長陵以下，圖而記之。次年，再謁十三陵，而念江南山水有未遊者，復歸，六謁孝陵，東游至會稽。次年，復北謁思陵攢宮，由太原大同以入關，又北走至榆林。康熙甲辰，與李因篤同謁攢宮，爲文以祭。往代州墾田，每言馬伏波田疇皆從塞上立業，欲居代北，曰：「使吾澤中有牛羊千，則江南不足懷矣。」然又苦其地寒，但經其始，使門人掌之。丁未，之淮上。次年，取道山東入京師。萊黄培之奴姜元衡告其主詩詞悖逆，案多株連；又以吴人陳濟生所輯忠節録指爲炎武作。炎武聞之，馳赴山左自請繫勘。李因篤爲告急於有力者，親往歷下解之。獄釋，復入京師，五謁思陵，從此策馬往來河北諸邊塞者十餘年。丁已，六謁思陵，後始卜居華陰。嘗謂人曰：「徧觀四方，惟秦人慕經學，重處士，持清議。而華陰綰轂關、河之口，雖足不出户而能見天下之人，聞天下之事。一旦有警，入山守險，不十里之遥；若志在四方，一出關門，亦有建瓴之勢。」乃定居焉。王徵君山史築齋延之，炎武置田五十畝於華下，供晨夕。又餌沙苑蕿藜而甘之，曰：「啖此久，不肉不茗可也。」蓋以蕿藜苗佐餐，以子待茗，故有此語。朝廷開明史館，大學士孝感熊公賜履主館事，以書招炎武，答曰：「願以一死謝公。」戊午詞科詔下，諸公爭欲致之，炎武作書與門人之在京師者曰：「刀繩具在，無速我死。」次年，大修明史，諸公又欲薦之，乃貽書葉學士訒庵，請以身殉，得免。或曰：「先生盍亦聽人一薦！薦而不出，其名愈高矣。」笑曰：「此所謂釣名者也。今夫婦人之失所天也，從一而終，之死靡慝，其心豈欲見知於人！若曰『盍亦令人强委禽焉而力拒之，以明吾節』，則吾未之聞矣。」崑山相國元文弟兄，炎武之甥也，尚書乾學未遇時，炎武振其困乏。至是，一門鼎貴，以書迎之南歸，爲買田置宅，拒而不往。或叩之，答曰：「昔歲孤生飄摇風雨，今茲親串崛起雲霄，思歸尼父之轅，恐近伯鸞之竈。且猶吾大夫，未見君子，徘徊渭川，以畢餘年，足矣。」庚申，其妻没於家，寄詩輓之而已。次年，卒於華陰，年六十有九。無子，自立從子衍生爲後。門人奉喪歸葬，高弟子吴江潘耒收其遺書序而傳之。

撰述之書，有左傳杜解補正三卷、音論三卷、詩本音十卷、易音三卷、唐韻正廿卷、古音表二卷、吴韻補正一卷、營平二州地名記一卷、求古録一卷、金石文字記六卷、石經考一卷、日知録三十卷、天下郡國利病書及肇域志二書未成。炎武留心經世之術，游歷所至，以二馬二騾載書自隨。至西北阸塞，東南海陬，必呼老兵退卒詢㈠其曲折；與平日所聞不合，卽發書檢勘。其所著天下郡國利病書，聚天下圖經、歷朝史籍以及小説、筆記、明十三朝實録、公移、邸報之類有關於朝政民生者，酌古通今，旁推互證，

㈠「詢」，各本俱作「謁」。

不爲空談，期於致用。肇域志則專論山川要阨、邊防戰守之事，蓋炎武周流西北垂三十年，邊塞亭障皆經目擊，故能言之了了也。

晚年，篤志六經，精研深究。居華陰，有請講學者，謝曰：「近日二曲以講學得名，遂招逼迫，幾致凶死，雖曰威武不屈，然而名之爲累則已甚矣。況東林覆轍有進於此者乎！」有求文者，告之曰：「文不關於經術政事者，不足爲也。韓文公起八代之衰，若但作原道、諫佛骨表、平淮西碑、張中丞傳後敍，而一切諛墓之文不作，豈不誠山斗乎！」在關中論學，曰：「諸君，關學之餘也。橫渠藍田之教，以禮爲先。孔子嘗言『博我以文，約之以禮』，而劉康公亦云『民受天地之中以生，所謂命也。是以有動作禮義威儀之則以定命』。然則君子爲學，舍禮何由！近來講學之師，專以聚徒立幟爲心，而其教不肅，方將賦茅鴟之不暇，何問其餘哉！」

炎武生性兀傲，不諧於世。身本南人，好居北土，嘗謂人曰：「性不能舟行食稻，而喜餐麥跨鞍。」又謂北方之人飽食終日，無所用心；南方之人羣居終日，言不及義，好行小慧。時人謂其評論切中南北學者之病。嘗至京師，東海兩學士延之夜飲，怒曰：「古人飲酒卜晝不卜夜，世間惟淫奔納賄二者皆夜行之，豈有正人君子而夜行者乎！」其狷介嫉俗如此。於同時諸君子，雖以苦節推百泉二曲，以經世之學推梨洲，至於論經評史，亦不苟同也。

節甫曰：「記成之後，客有問於予曰：「有明一代，囿於性理，汩於制義，無一人知讀古經注疏者。自梨洲起而振其頹波，亭林繼之，於是承學之士知習古經義矣。所以閻百詩胡朏明諸君子皆推挹南雷崑山，今子不爲之傳，豈非數典而忘其祖歟！」予曰：「梨洲乃蕺山之學，矯良知之弊，以實踐爲主；亭林乃文清之裔，辨陸王之非，以朱子爲宗。故兩家之學皆深入宋儒之室，但以漢學爲不可廢耳。多騎牆之見，依違之言，豈真知灼見者哉！」客曰：「二君以瓌異之質，負經世之才，思見用於當世，垂勳名於來葉，讀書論道，重在大端，疏於末節，豈若抱殘守缺之俗儒，尋章摘句之世士也哉！然黃氏闢圖書之謬，知尚書古文之僞；顧氏審古韻之微，補左傳杜注之遺。能爲舉世不爲之時，謂非豪傑之士耶？國朝諸儒究六經奧旨，與兩漢同風，二君實啓之。菜瓜祭飲食之人，芹藻釋瞽宗之奠，乃木本水源之意也。況若璩四書釋地曲護紫陽，朏明洪範正論直譏劉向，於此則從寬假之條，於彼則嚴踰閑之辨，非有心軒輊者乎？」予曰：「甲申、乙酉之變，二君策名於波浪礪灘之上，竄身於榛莽窮谷之中，不順天命，强挽人心。發蛙黽之怒，奮螳螂之臂，以烏合之衆，當王者之師，未有不敗者矣。逮夫故土焦原，横流毒浪之後，尚自負東林之黨人，猶效西臺之慟哭，雖前朝之遺老，實周室之頑民，當名編薰胥之條，豈能入儒林之傳哉！」客曰：「固哉子之説也！我祖宗參化育之功，體生成之德，不但不加以誅戮，抑且招之使來，所以突圍猛獸得以遁跡山林，漏網長鯨亦復呴濡江海。此伊古以來未有之寬仁厚澤也。我高宗純皇帝御批通鑑輯覽，乙酉一年不黜留都位號，唐桂二主併爲竊據續編；即欽定明史，亦倣宋史甲戌、乙亥之例，大書而特書矣。是以祁彪佳熊開元皆有列傳。核二君事蹟，祁熊之流也。今子不尊聖人至公之心，而爲拘牽之論，何所見之不廣耶！」予曰：「噫！吾過矣！」退而輯二君事實，爲書一卷，附於册後。

汪跋

古者國家有巡守、封禪、朝聘、燕饗、明堂、宗廟、辟雍之儀，天子廣集衆儒，講議典禮，損益古今之宜，推所學以合於世用，根底六經，憲章四代，先王制作之精義，可攷而知焉。自後儒以讀書爲翫物喪志，義理典章區而爲二，度數文爲，棄若弁髦，箋傳注疏，束之高閣。又其甚者，肆其創獲之見，著爲一家之言，綴王肅之卮詞，棄鄭君之奧論。末學膚受，後世滋惑，經學浸微，蓋七百年矣。國朝漢學昌明，超軼前古，閻百詩駁僞孔，梅定九定曆算，胡朏明辨易圖，惠定宇述漢易，戴東原集諸儒之大成，裒然著述，顯於當代。顓門之學，於斯爲盛。至若經史詞章金石之學，貫穿勃穴，靡不通擅，則顧寧人導之於前，錢曉徵及先君子繼之於後，可謂千古一時也。若夫矯誣之學，震驚耳目，舉世沿習，罔識其非。如汪鈍翁私造典故，其他古文詞支離牴牾，體例破壞；方靈臯以時文爲古文三禮之學，等之自鄶以下；毛西河肆意譏彈，譬如秦楚之無道；王白田根據漢宋，比諸春秋之調人。惡莠亂苗，似是而非，自非大儒，孰有能辨之者！吾鄉江先生博覽羣籍，通知作者之意，聞見日廣，義据斯嚴，彙論經生授受之恉，輯爲漢學師承記一書。異時采之柱下，傳之其人，先生名山之業固當埒此不朽。或如司馬子長史記、班孟堅漢書之例，撰次敍傳一篇列於卷後，亦足屏後儒擬議窺測之見，尤可與顧寧人錢曉徵及先君子後先輝暎者也。喜孫奉手受教，服膺有年，被命跋尾，不獲固辭，謹以所聞質諸坐右，未識先生以爲知言不也。

嘉慶十有七年五月七日，後學汪喜孫識。

國朝經師經義目録

易

魯商瞿子木受易於孔子，五傳至齊田何子莊，子莊之後，有施、孟、梁邱之學。施，施讎也；孟，孟喜也；梁邱，梁邱賀也。又有京氏學。京氏，京房也，從梁人焦延壽學易。延壽嘗從孟喜問易，喜死，房以延壽易卽孟氏學，翟牧白生不肯，皆曰：「非也。」然則京生之學實出於焦贛，長於災異，非孟氏易明矣。又有費氏易。費氏名直，本以古字，號古文易，無章句，徒以彖象、繫辭、文言解説上下經。成帝時，劉向典校書，考易，以爲諸家説皆祖田何，大義略同，惟京氏爲異。又以中古文易經校施、孟、梁邱之易經，或脱去「无咎悔亡」，惟費氏經與古文同。京兆陳元、扶風馬融、河南鄭衆、北海鄭玄、潁川荀爽，並傳費氏易。沛人高相，治易與費氏同時，其易亦無章句，專説陰陽災異，自言出丁將軍，傳至相。丁將軍，丁寬也，受田何易。是爲高氏易。漢初，立易楊氏博士。楊氏字叔元，田何之弟子也。宣帝後，立施、孟、梁邱之易，元帝又立京氏易。費高二易，民間傳之，後漢費氏興而高氏微矣。永嘉以來，鄭玄王弼二注列於國學。至南齊，易用鄭義；隋唐始專主王弼，而漢晉諸儒之注皆亡。惟唐李鼎祚周易集解博採諸儒之説，如孟喜、京房、馬融、鄭玄、荀爽、劉表、宋衷、虞翻、陸績，畧存一二。於是卦氣六日七分游歸飛伏爻辰交互消息升降納甲之變，半見等例，藉此可以推尋。無如王韓清談、程朱理學固結人心，或詆爲穿鑿，或斥爲邪説，先儒古義棄如土梗矣。夫易爲卜筮之書，秦火未燔，商瞿受易以來，傳授不絶。則漢儒之説，以商瞿爲祖；商瞿之説，孔子之言也。嗟乎！孔子之言可以謂之穿鑿，謂之邪説哉！蓋易自王輔嗣韓康伯之書行，二千餘年，無人發明漢時師説。及東吴惠氏起而導其源，疏其流，於是三聖之易昌明於世，豈非千秋復旦哉！國初老儒亦有攻王弼之注，擊陳摶之圖者。如黄宗羲之易學象數論，雖闢陳摶康節之學，而以納甲動爻爲僞象，又稱王輔嗣注簡當無浮義。黄宗炎之周易象辭圖書辨惑，亦力闢宋人圖書之説，可謂不遺餘力矣。然不宗漢學，皆非篤信之士也。惟毛奇齡仲氏易、推易始末、春秋占筮書、易小帖四書頗宗舊旨，不雜蕪詞；但以變易交易爲伏羲之易，反易對易之外，又增移易爲文王周公之易，牽合附會，不顧義理，務求詞勝而已。凡此諸書，不登兹録。

易圖明辨十卷胡渭撰。　易説六卷惠士奇撰。　周易述二十三卷、易漢學八卷、易例二卷、周易本義辨證五卷惠定宇撰。　易述贊二卷洪榜撰。　周易虞氏義九卷、虞氏消息二卷張惠言撰。　易音三卷顧炎武撰。　易學四十卷焦循撰。

書

尚書有二：一爲今文，伏生所授也；一爲古文，孔安國所傳也。書本有百篇，孔子序之，遭秦滅學。至漢，唯濟南伏生口傳二十八篇：一堯典，合舜典爲一篇，二臯陶謨，合益稷爲一篇，三禹貢，四甘誓，五湯誓，六盤庚，七高宗肜日，八西伯戡黎，九微子，十坶誓，十一洪範，十二金縢，十三大誥，十四康誥，十五酒誥，十六梓材，十七召誥，十八洛誥，十九多士，二十無逸，二十一君奭，二十二多方，二十三立政，二十四顧命，合康王之誥爲一篇，二十五呂刑，二十六文侯之命，二十七棐誓，二十八秦誓。又河內女子得泰誓一篇獻之，共二十九篇。伏生作尚書傳四十一篇，以授同郡張生，張生授千乘歐陽生，歐陽生授同郡兒寬，寬授歐陽生之子世，世傳之至曾孫歐陽高，謂之尚書歐陽之學。又有夏侯都尉受業於張生，以授族子始昌，始昌傳族子勝，爲大夏侯之學；勝授從子建，別爲小夏侯之學。於是有歐陽、大、小夏侯三家，訖漢東京，相傳不絕，是爲今文尚書。漢武帝時，魯恭王壞孔子宅，得古文尚書，孔安國以今文字讀之，皆起，增多一十六篇：舜典一，汨作二，九共三，大禹謨四，棄稷五，五子之歌六，允征七，湯誥八，咸有一德九，典寶十，伊訓十一，肆命十二，原命十三，武成十四，旅獒十五，冏命十六。鄭康成謂之二十四篇者，分九共爲九篇也。遭巫蠱事，不得列於學官，故稱逸書，亦稱中古文。其傳之者，都尉朝，朝授膠東庸生，庸生授胡常，常授徐敖，敖授王璜涂惲，惲授桑欽。成、哀時，劉向父子校理祕書，皆見之。後漢賈徽受業於涂惲，傳子逵。又有孔僖者，安國後也，世傳其學；尹敏、周防、周磐、楊倫、張楷、孫期亦學古文。又有扶風杜林，得西州桼書，互相考證，以授衞宏，徐巡馬融亦傳其學。鄭君康成先受古文於張恭祖，既又遊馬融之門，乃淵源於孔氏，又通杜林桼書者也，是爲古文尚書。然增多之一十六篇，馬融云「絕無師說」，蓋安國以今文讀之，校其文字，習其句讀而已。漢儒重師承，無師說者不敢强爲之解。則張楷之注，賈逵之訓，馬融之傳，康成之注，亦但解伏生所傳之二十八篇，其一十六篇皆無注釋也，所以謂之逸書。逸書者，「非逸其文，其説逸而無考也。其後，武成亡於建武之際。至東漢之末，允征、伊訓猶有存者，故康成注書間一引之，如禹貢注引允征，典寶注引伊訓之類。迄乎永嘉，師資道喪，二京逸典，咸就滅亡。江左中興，元帝時，豫章内史梅賾奏上孔傳古文尚書，自云「晉太保公鄭沖以古文尚書授扶風蘇愉，愉授天水梁柳，柳授城陽臧曹，曹授汝南梅賾」。賾所上之書，增多古文二十五篇：一大禹謨，二五子之歌，三允征，四仲虺之誥，五湯誥，六伊訓，七太甲上，八太甲中，九太甲下，十咸有一德，十一説命上，十二説命中，十三説命下，十四泰誓上，十五泰誓中，十六泰誓下，十七武成，十八旅獒，十九微子之命，二十蔡仲之命，二十一周官，二十二君陳，二十三畢命，二十四君牙，二十五冏命。是爲僞古文尚書，僞孔傳。齊建武中，吴姚方興於大航市得舜典一篇奏上，比馬鄭注多「曰若稽古帝舜，曰重華，協于帝，濬哲文明，温恭允塞，元德升聞，乃命以位」二十八字，乃分堯典之半爲舜典，此又僞中之僞也。時梁武爲博士，駮之，遂不行。至唐孔穎達爲正義，取僞孔書，又取此説，反斥鄭氏所述之二十四篇爲張霸僞造。霸僞造者，乃百兩篇，成帝時劉向以古文校之，非是，遂黜其書。漢書儒林傳先述孔壁逸書，後敍百兩篇，則逸書非百兩明矣。且逸書及百兩篇，劉向父子領校祕書時皆得見之，豈有向明知其僞而撰別録仍取霸書乎！歆撰三統曆，述伊訓、武成、畢命諸篇悉孔壁古文，豈有歆亦知其僞而反取其説乎！沖遠之説，可謂游談無根矣。自此以後，正義大行，而馬鄭之注皆亡。至宋，吴棫朱子始疑其僞，繼之者，吴草廬、郝京山、梅鷟也。然皆未能抉其奥，探其藴。逮國朝閻氏惠氏出，而僞古文寖微，馬鄭之學復顯於世矣。國朝注尚書者十有餘家，不知僞古文、僞孔傳者概不著録。如胡朏明洪範正論雖力攻圖書之謬，而闢漢學五行災異之説，是不知夏侯始昌之洪範五行傳亦出於伏生也。胐明雖知僞古文，而不知五行傳之不可闢，是以黜之。

古文尚書疏證八卷閻若璩撰。　禹貢錐指二十卷、圖一卷胡渭撰。　古文尚書攷二卷惠定宇撰。　尚書攷辨四卷宋鑒撰。　尚書後案三十卷王鳴盛撰。　尚書集注音疏十二卷、尚書經師系表一卷江艮庭撰。

詩

詩有齊、魯、韓、毛四家，皆出於子夏。齊詩，齊人轅固生作詩傳，號曰齊詩。魯人申培公受詩於浮邱伯，以詩經爲訓故以教，無傳，疑者則闕，號曰魯詩。燕人韓嬰推詩之意，作内、外傳萬言，號曰韓詩。毛詩者，出自毛公，河間獻王好之。徐整云：「子夏授高行子，高行子授薛倉子，薛倉子授帛妙子，帛妙子授河間人大毛公，爲詩故訓傳於家，以授趙人小毛公。小毛公爲河間獻王博士，以不在漢朝，故不列於學。」一云：「子夏傳曾申，申傳魏人李克，克傳魯人孟仲子，孟仲子傳根牟子，根牟子傳趙人孫卿子，孫卿子傳魯人大毛公。」漢書儒林傳云：「毛公，趙人，治詩，爲河間獻王博士，授同國貫長卿，長卿授延年，延年授虢徐敖，敖授九江陳俠。或云：陳俠授謝曼卿。」三説不同，未知孰是。後漢鄭衆、賈逵傳毛詩，馬融作注，鄭玄作箋，於是毛傳大行而三家廢矣。魏王肅又述毛非鄭，王基駮王申鄭，孫毓爲詩評，評毛、鄭、王肅三家同異而朋於王，陳統又難孫申鄭。王鄭兩家互相掊擊，皆本毛傳。自漢及五代，未有不本毛公而别爲之説者，有之，自歐陽修詩本義始，於經義毫無裨益，專務新奇而已。修開妄亂之端，於是攻小序者不一其人，攻大序者不一其人，若毛傳鄭箋，則棄之如糞土矣。至程大昌之詩論、王柏之詩疑，變本加厲，斥之爲異端邪説可也。國朝崇尚實學，稽古之士崛起，然朱鶴齡之通義雖力駁廢序之非，而又採歐陽修、蘇轍、呂祖謙之説，蓋好博而不純者也。鶴齡與同里陳啟源商榷毛詩，啟源又著稽古編三十卷，惠徵君定宇亟稱之。其書雖宗鄭學，訓詁聲音以爾雅爲主，草木蟲魚以陸疏爲則，可謂專門名家矣。然而解「西方美人」，則盛稱「佛教東流，始於周代」，至謂「孔子抑藐三皇而獨聖於西方」。解「捕魚諸器」，謂「廣殺物命，恬不知怪，非大覺緣果之文莫能救之」，妄下斷語，謂「庖犧必不作網罟」。吁！可謂怪誕不經之談矣！以佛説解經，晉宋閒往往有之，然皆襲其説而改其貌，未有明目張膽若此者也。顧震滄之毛詩類釋多鑿空之言，非專門之學，亦在删汰之例。

詩説三卷惠周惕撰。　毛鄭詩考正四卷戴震撰。　詩本音十卷顧炎武撰。　詩音表一卷錢坫撰。

禮

秦氏坑焚，禮經缺壞。漢興，魯高堂生傳士禮十七篇，即今之儀禮也。而魯徐生善爲容。景帝時，河間獻王好古，得古禮獻之，古文禮五十六篇、記百三十一篇、周禮六篇。其十七篇與高堂生同，而字多異。或曰：「河間獻王開獻書之路。有李氏上周官五篇，失冬官一篇，乃購千金，不得，取考工記以補之，即今之周禮也。」禮記者，本孔子門徒共撰所聞，以爲此記，後人各有損益。中庸，子思所作；緇衣，公孫尼子制；月令，呂不韋撰；王制，漢時博士所爲。陳邵周禮論序云：「戴德删古禮二百四篇爲八十五篇，謂之大戴禮；戴聖刪大戴禮爲四十九篇，是爲小戴禮。後漢馬融盧植考諸同異，附戴聖篇章，去其繁重及所敍略而行於世，卽今之禮記也。」傳禮經者，自瑕邱蕭奮授東海孟卿，卿授同郡后蒼及魯瑕邱卿。其古禮經五十六篇，蒼傳十七篇，所餘三十餘篇以付書館，名爲逸禮。蒼說禮，號后蒼曲臺記，授聞人通漢及戴德、戴聖、慶普，由是禮有大、小戴、慶氏之學。普授夏侯敬，又傳族子咸；大戴授徐良；小戴授橋仁楊榮。新莽時，劉歆爲國師，始立周官經，杜子春受業於歆，授鄭興父子。此士禮、周官授受源流也。慶氏曲臺，其亡已久，傳禮記者，馬融、盧植、鄭康成。自晉及唐，三禮皆用鄭注。至宋儒潛心理學，不暇深究名物度數，所以於禮經無可置喙；然必欲攻擊漢儒，乃於周禮中指摘其好引讖緯而已。南宋以後，始改竄經文，補亡之說興矣。士禮十七篇，文詞古奧，宋儒畏其難讀，別無異說。至敖繼公始疑喪服傳非子夏所作，而注文隱攻鄭氏，巧於求勝，於是郝敬之臆斷、奇齡之吾說起矣。延祐科舉之制，易、詩、書、春秋皆以宋儒新說與注疏相參，惟禮記則專用注疏。至陳澔乃爲集說一書，不從鄭注；於是談禮記皆趨淺顯而不問古義矣。至國朝，如萬斯大、蔡德晉、盛百二雖深於禮經，然或取古注，或參妄說，吾無取焉；方苞輩則更不足道矣。

周官祿田考三卷沈彤撰。　禘祫說二卷惠定宇撰。　周禮疑義舉要七卷江永撰。　考工記圖二卷戴震撰。　弁服釋例十卷任大椿撰。　車制考一卷錢坫撰。

儀禮鄭注句讀十七卷、監本正誤一卷、石經正誤一卷張爾岐撰。　儀禮小疏一卷沈彤撰。　儀禮釋宮譜增注一卷江永撰。　儀禮管見四卷褚寅亮撰。　儀禮正譌十七卷金日追撰。　儀禮圖六卷張惠言撰。

禮經釋例十三卷凌廷堪撰。

深衣考一卷黃宗羲撰。　明堂大道録八卷惠定宇撰。　禮記訓義擇言八卷、深衣考誤一卷江永撰。　深衣釋例三卷任大椿撰。

附三禮總義

禮說十四卷惠士奇撰。　禮經綱目八十五卷江永撰。　禮箋十卷金榜撰。

春秋

孔子作春秋，爲之傳者，左邱明、公羊高、穀梁赤及鄒氏、夾氏。鄒氏無師，夾氏有録無書，皆不顯於世。傳於世者，左氏、公、穀三家。邱明作傳以授曾申，申傳吴起，起傳其子期，期傳鐸椒，椒傳虞卿，卿傳荀況，況傳張蒼，蒼傳賈誼，誼傳至其孫嘉，嘉傳貫公，貫公傳少子長卿，長卿傳張敞及張禹，禹傳尹更始，更始傳其子咸及翟方進胡常，常授賈護，護授陳欽。劉歆從尹咸及翟方進受左氏，歆授賈徽，徽傳子逵。逵受詔，列公羊、穀梁不如左氏四十事奏之，又作左氏訓詁，於是鄭衆、馬融、服虔皆爲左氏學。至和帝元興十一年，鄭興父子奏上左氏，乃立於學官，遂盛行。江左中興，用服氏注，後專用杜氏，而諸家之注廢矣。傳公羊者，胡毋生董仲舒，仲舒傳褚大嬴公、段仲温、吕步舒，嬴公授孟卿及眭宏，宏授嚴彭祖顏安樂，由是公羊有嚴顏之學。數傳至孫寶，後漢何休爲之注。傳穀梁者，瑕邱江公受於魯申公，其學寖微，惟榮廣浩星公二人受焉。蔡千秋、周慶、丁姓皆從廣受穀梁，千秋又事浩星公，爲學最篤。宣帝卽位，聞衞太子好穀梁，乃詔千秋與公羊家竝説，上善穀梁説，後又選郎十人從千秋受。會千秋病死，徵江公孫爲博士，詔劉向受穀梁，欲令助之。江博士復死，乃徵周慶丁姓待詔，使卒授十人。十餘歲，皆明習，乃召五經名儒太子太傅蕭望之等大議殿中，平公羊、穀梁同異。望之等多從穀梁，由是大盛。又有尹更始事千秋，傳其學，又受左氏傳，爲章句十五卷，繼之者唐固麋信。至隋時，穀梁用范寗注。是時，左氏學大行，二家鮮習之者。至唐，趙匡、啖助、陸淳始廢傳談經，而三傳束置高閣，春秋之一大厄也。有宋諸儒之説春秋，皆啖趙之子孫而已。國朝爲左氏之學者，吳江朱氏、無錫顧氏。而鶴齡雜取邵寶王樵之説而不採賈服；震滄之大事表雖精，然實以宛斯之書爲藍本，且不知著書之體，有不必表者亦表之，甚至如江湖術士之書，以七言爲歌括，不值一噱矣。茲不著録。宋以後貴文章，治左氏，公穀竟爲絶學。阮君伯元云：「孔君廣森深於公羊之學。」然未見其書，不敢著録，餘倣此云。

左傳杜解補正三卷顧炎武撰。　左傳事緯十二卷、附録八卷馬驌撰。　春秋長歷十卷、春秋世族譜一卷陳厚耀撰。　左傳補注六卷惠定宇撰。　春秋左傳小疏一卷沈彤撰。　春秋地理考實四卷江永撰。

附三傳總義

春秋説十五卷惠士奇撰。

論語

論語者，孔子應答弟子及時人所言，或弟子相與言而接聞夫子之語也。鄭康成云：「仲弓子夏等所撰定。」漢興，傳者魯論語、齊論語、古論語三家。傳魯論者，龔奮、夏侯勝、韋賢、賢弟元成、扶卿、夏侯建、蕭望之。齊論語則有問王、知道二篇，凡二十二篇，其二十篇中章句頗多於魯論。傳之者，王吉、王卿、貢禹、五鹿充宗、膠東庸生。古論語出孔壁中，二十一篇，有兩子張，篇次與齊魯不同，孔安國爲傳，馬融亦注之。張禹受魯論於夏侯建，又從庸生王吉受齊論，擇善而從，號曰張侯論，包咸周氏並爲章句。鄭玄就魯論張、包、周之篇章，考之齊、古，爲之注焉；魏何晏又爲集解。梁陳，鄭何並立於學官；唐則專用何注，而鄭注亡矣。至南宋，朱子始以論語孟子及禮記中之中庸大學二篇合爲四書，盛行於世。凡四書類及經總義類，皆附於此。

四書釋地一卷、四書釋地續一卷、四書釋地又續二卷、四書釋地三續二卷、四書釋地餘論一卷閻若璩撰。　鄉黨圖考十卷江永撰。　孟子字義疏證三卷戴震撰。　論語後錄五卷錢坫撰。　論語駢枝一卷劉台拱撰。

附經總義

九經誤字一卷顧炎武撰。　九經古義十六卷惠定宇撰。　羣經補義五卷江永撰。　經義雜記三十卷臧琳撰。　古經解鉤沈三十卷余古農撰。　經讀考異義證十二卷武億撰。　經傳小記三卷劉台拱撰。

爾雅

爾雅一書，張揖云：「釋詁一篇，周公作。釋言以下，或言仲尼所增，子夏所足，叔孫通所益，梁文所補。」漢儒爲此學者，犍爲舍人、劉歆、樊光、李巡、孫炎。後用郭璞注，而各家之注俱亡。凡方言、釋名小學諸書，皆附於後。

爾雅正義二十卷邵晉涵撰。　方言疏證十三卷戴震撰。　釋名疏證八卷、釋名補遺一卷、續釋名一卷江艮庭撰。　小學鉤沈二十卷、字林考逸八卷任大椿撰。　説文解字義證五十卷桂馥撰。　別雅五卷吳玉搢撰。

附音韻

音論三卷、唐韻正二十卷、古音表二卷、韻補正一卷顧炎武撰。　古韻標準四卷、四聲切韻表四卷、音學辨微一卷江永撰。　聲韻考四卷、聲類表十卷戴震撰。　四聲均和表五卷、示兒切語一卷洪榜撰。

樂

古者六籍、五經、禮、樂並重，周衰，禮壞樂微，迨秦燔書，而樂之遺籍掃地盡矣。漢興，制氏以雅樂聲律世爲樂官，能記其鏗鏘鼓舞而不能言其義。其後，樂人竇公獻樂章。武帝時，河間獻王作樂記，與制氏不相遠，內史丞王定傳之，以授常山王禹。成帝時，禹爲謁者，獻記二十四卷。劉向校書，得樂記二十三篇，與禹不同，其道寖微。魏晉以後，典章廢棄，即班志所載二十三篇已不復得，於是遂爲絶學。國朝諸儒蔚起，搜討舊聞，雖樂制云亡，而論音律者求周尺漢尺之遺，尋審律審音之旨，俾二千餘年之墜緒彰明宇宙，不誠繼往開來之偉業哉！若斯之類，不可泯滅，因別立一類以附卷末。

律呂新論二卷、律呂闡微十卷江永撰。　律呂考文六卷錢塘撰。　燕樂考原六卷淩廷堪撰。

家大人既爲漢學師承記之後，復以傳中所載諸家撰述有不盡關經傳者，有雖關經術而不醇者，乃取其專論經術而一本漢學之書，倣唐陸元朗經典釋文傳注姓氏之例，作經師經義目録一卷，附於記後，俾治實學者得所取資，尋其宗旨，庶不致混莠於苗，以砆爲玉也。著録之意，大凡有四：一，言不關乎經義小學，意不純乎漢儒古訓者，不著録；一，書雖存其名而實未成者不著録；一，書已行於世而未及見者不著録；一，其人尚存，著述僅附見於前人傳後者不著録。凡在此例，不欲濫登，固非以意爲棄取也。次列既，鈞承命繕録，因不揣檮昧，著其義例於末。嘉慶辛未良月既望，男鈞謹識。

伍　跋

右國朝漢學師承記八卷，附録國朝經師經義目録一卷，國朝江藩撰。洪惟昭代經學脩明，定鼎之初，顧亭林、胡朏明、閻百詩諸先生崛起，遠紹兩漢諸儒之墜緒，篤實淳懿，恪守師法，承先啟後，私淑有人，實宋、元、明以來所未有。鄭堂特著此書，國朝經師學行出處，著撰緒論，搜括靡遺，洵盛業也。阮文達定香亭筆談稱元和惠徵君定宇經學冠天下，鄭堂於惠氏弟子余君仲林，盡得其傳；洪北江詩話亦稱其學有師法；珠湖草堂筆記則稱是書極有史家體裁。鄭堂久在阮文達幕府，文達撰國史儒林傳稿，第一次顧亭林居首，第二次黄棃洲居首；而是書以兩先生編於卷末，以不純宗漢學也，亦可見其體例之嚴。然如王蘭泉侍郎傳，記及其以五七言詩争㊀立門户，譏其太邱道廣一事。洪北江詩話稱侍郎所選詩一以聲調格律爲準，其病在於以己律人，而不能各隨人之所長，亦頗有微詞，亦何至如鄭堂所云也！又北江傳，記及其出示所作古文，指摘其用事訛舛，齗齗强辯一事。北江詩話則稱鄭堂過畢弇山宮保墓道詩曰「公本愛才勤説項，我因自好未依劉」，亦隱然自具身分，惜其爲饑寒所迫，學不能進也。則宛然報復之師矣。昔司馬子長撰酈生傳，不言其説高祖封六國後，完人之美，俾成佳傳也；又於子房傳見之者，紀其實也。此等事縱匪鑿空，亦當記之説部等書，臚載本傳，無論有乖史例，亦適徵其所養之不

㊀「争」，原作「章」，據卷四王傳改。

醇；然究爲上下二百年一大著作，談漢學者決不可少之書，讀者略其小疵可耳。咸豐甲寅夏五朔日，南海伍崇曜謹跋。

國朝宋學淵源記

達序

嘗觀元代之尊孔子曰：「先孔子而聖者，非孔子無以明；後孔子而聖者，非孔子無以法。」至哉言乎！不唯有明講學者所弗能及，卽宋儒極力推崇，連篇累牘，亦未有若是之精確者也。蓋天之生物，氣具則命立，性賦則理存，而人秉天地之中以生，故爲萬物之靈。有斯世，則有斯人；有斯人，則有斯性。自開闢以至今日，自羲農以至今世之人，此理無一息之閒斷，此性亦無一人之不具也。但天道不能無寒暑晝夜之遞嬗，人性不能無昏明强弱之不同，反其同而變其異，作之君，作之師，所謂修道之教也。粵稽堯、舜、禹、湯、文、武之爲君，皋陶、稷、契、伊、周之爲臣，其所謂繼天立極者，亦不過君君、臣臣、父父、子子，各全其天性而已。

周衰，孔子生於東魯，出類拔萃，繼往開來。然使當日得行其道，亦不過致君爲堯舜之君，使民爲堯舜之民，原不能於各全天性之外別有神奇也。無如天厭周德，其道未能大行於天下，不得已訂詩書，正禮樂，序易象，修春秋，以垂教於萬世，而大經大法，精㈠義微言，具載六經。後之人果能於六經身體而

㈠「精」，各本俱作「奥」。

力行之，以之修身，則可悟前聖之心傳，以之治世，則可返唐虞之盛軌，内聖外王，體用兼盡，原非爲托之空言已也。至於七十二子之徒，皆親炙門牆，身通六藝，其中惟顔曾獨得心傳，諸子則各具一體。其問答之閒，皆因其品詣而指示之，非厚於顔曾而薄於諸子也。聖人之言廣大精微，因人設教，使諸子各尊所聞而深造之，其要歸亦未有不合於一貫之旨者也。孔子没，楊墨興，孟子辭而距㊀之，廓如也，然當時已有好辯之譏。暴秦焚書坑儒，典籍蕩然，然斯人斯性未嘗滅絶也。

漢興，尊崇經術，諸大儒於灰燼之餘，或師學淵源，專門稽古，或殫心竭慮，皓首窮經，而各守一說，不相攻擊，意至厚也。昌黎崛起數百年後，推崇聖道，力排佛、老，而於荀楊，則曰「大醇而小疵」，亦何嘗於儒術之中自相牴牾哉！蓋道在修己，功在安民，王道聖功，理無二致。故大學始言格致誠正以修身，終之以齊家治國平天下，節次不紊，事理相因，本心性以爲事功，卽所謂「一以貫之」者也。自宋儒道統之說起，謂二程心傳直接鄒魯，從此心性事功分爲二道，儒林道學判爲兩途，而漢儒之傳經，唐儒之衛道，均不啻糟粕視之矣。殊不思洛閩心學源本六經，若非漢唐諸儒授受相傳，宋儒亦何由而心悟！且詳言誠正，畧視治平，其何以詆排二氏之學乎！南渡後，江西陸氏、永嘉陳氏或尊德性，或講事功，議論與朱子不合，門下依草附木者互相攻訐。沿至有明，姚江王氏平良知以建功業，稍徵實學，而推尊古本大學，不遵朱註，於是黨同伐異者又羣起而攻陽明矣。

本朝列聖相承，本建中立極之學，爲化民成物之政，四子書仍遵朱子，十三經特重漢儒。名賢輩

㊀「距」，各本俱作「闢」。

出，或登廊廟，黼黻皇猷；或守蓬茅，躬行實踐。府縣置學官，無聚徒私議之士；文武歸科第，無懷才不售之人。重熙累洽，一道同風，直邁三代而媲美唐虞矣。今世之人，幸值休明之運，果能下學上達，服古入官，言行一以孔聖爲依歸，則將仰高鑽堅，瞻前忽後，矻矻孜孜，寸陰是惜，又何暇分唐分漢，闢陸闢王，舍己之田而芸人之田乎！

甘泉江子鄭堂博學多識，有志斯文，經術湛深，淵源有自，既編漢學師承記，芸臺宫保爲跋於前，繼又纂宋學淵源記，問序於予。予才疏學淺，曷能妄測高深！詳閲其書，無分門別户之見，無好名争勝之心，唯録本朝潛心理學而未經表見於世者；其餘廟堂諸公，以有國史可考，不敢僭議也。其用心至矣，其用力勤矣！因忘其譾陋，本諸師傳，驗諸心得，爲弁數語於簡端，以答其虛衷下問之意。若夫精一執中，至誠無息之淵源，請還質諸世之善法孔子者。時道光二年嘉平月，長白達三書於粤東榷署。

卷上

春秋戰國之際，楊、墨之說起，短長之策行，薄湯、武，非周、孔，聖人之道幾乎息矣。暴秦燔書，棄仁義，峻刑法，七十子之大義乖矣。漢興，儒生攟摭羣籍於火燼之餘，傳遺經於既絶之後，厥功偉哉！東京高密鄭君集其大成，肄故訓，究禮樂。以故訓通聖人之言，而正心誠意之學自明矣；以禮樂爲教化之本，而修齊治平之道自成矣。爰及趙宋，周、程、張、朱所讀之書，先儒之義疏也。讀義疏之書，始能闡性命之理，苟非漢儒傳經，則聖經賢傳久墜於地，宋儒何能高談性命耶！後人攻擊康成，不遺餘力，豈非數典而忘其祖歟！惟朱子則不然，其言曰：「鄭康成是好人。」又曰：「康成是大儒。」再則曰：「康成畢竟是大儒。」朱子服膺鄭君如此，而小生豎儒妄肆詆訶，果何謂哉！然而爲宋學者，不第攻漢儒而已也，抑且同室操戈矣。爲朱子之學者攻陸子，爲陸子之學者攻朱子。至明姚江之學興，尊陸卑朱，天下士翕然從風。姚江又著朱子晚年定論一篇，爲調人之說，亦自悔其黨同伐異矣。竊謂朱子主敬，大易「敬以直內」也；陸子主静，大學「定而後能静」也；姚江良知，孟子「良知良能」也。其末節雖異，其本則同，要皆聖人之徒也。陸子一傳爲慈湖楊氏，其言頗雜禪理，於是學者乘隙攻之，遂集矢於象山，詎知朱子之言又何嘗不近於禪耶！蓋析理至微，其言必至涉於虛而無涯涘，斯乃「賢者過之」之病，中庸之所以爲難能也。儒生讀聖人書，期於明道，明道在於修身，無他，身體力行而已，豈徒以口舌争哉！有明儒生斷斷辯論朱、陸、王三家異同，甚無謂也。我朝聖人首出庶物，以文道化成天下，斥浮僞，勉實行，於是樸棫之士彬彬有洙、泗之遺風焉。藩少長吴門，習聞碩德耆彦談論，壯游四方，好搜輯遺聞逸事，詞章家往往笑以爲迂。近今漢學昌明，徧於寰宇，有一知半解者，無不痛詆宋學。然本朝爲漢學者，始於元和惠氏，紅豆山房半農人手書楹帖云「六經尊服、鄭，百行法程、朱」，不以爲非，且以爲法，爲漢學者背其師承何哉！藩爲是記，實本師説。嗟乎！耆英彫謝，文獻無徵，甚懼斯道之將墜，恥躬行之不逮也。惟願學者求其放心，反躬律己，庶幾可與爲善矣。至於孰異孰同，概置之弗議弗論焉。國朝儒林，代不乏人，如湯文正、魏果敏、李文貞、熊文端、張清恪、朱文端、楊文定、孫文定、蔡文勤、雷副憲、陳文恭、王文端，或登臺輔，或居卿貳，以大儒爲名臣，其政術之施於朝廷，達於倫物者，具載史宬，無煩記録，且恐草茅下士見聞失實，貽譏當世也。若陸清獻公位秩雖卑，然乾隆初特邀從祀之典，國史自必有傳矣。藩所録者，或處下位，或伏田閒，恐歷年久遠，姓氏就湮，故特表而出之。黄南雷、顧亭林、張蒿菴見於漢學師承記，茲不復出。此記之大凡也，附書於此。

孫奇逢

孫奇逢，字啟泰，號鍾元，容城人。年十七，中萬曆庚子科舉人。與定興鹿忠節公善繼友，以聖賢相期勉。居喪盡禮，偕兄弟廬墓，巡按御史以聞，下詔旌表。天啟時，魏奄竊朝柄，左光斗、魏大中、周順昌被逮。三君與善繼奇逢友善，時善繼在榆關贊孫承宗軍事，奇逢遣弟彦逢上書高陽曰：「左魏諸君，善類之宗，直臣之首，横被奇寃，有心者孰不扼腕！昔盧次楩，一莽男子耳，謝茂秦以布衣爲行哭於燕市曰：『諸君今不爲盧生地，乃從千載下哀湘而弔賈乎！』李獻吉在獄，何仲默致書楊文襄求一援手，康德涵至不自愛其名。左魏之品，可方獻吉，非次楩所敢望。奇逢一介書生，無由哭訴，尚慙茂秦；閤下名位比肩文襄，豈至出德涵下乎！」高陽覽書，即具疏請朝，面陳軍事。忠賢大懼，謂高陽與晉陽之甲，夜繞御牀而泣，乃馳詔止之，然高陽亦不能申救也。時三君子誣贓以萬計，許顯純嚴刑追比，奇逢與善繼之父鹿太公正及張果中倡首捐助，輸者麕至。繳納未竟，而三君已斃於詔獄矣，乃經紀其喪，歸葬故里。高陽知其賢，將薦之於朝。奇逢知時不可爲，自陳願老公車，不敢以他途進。

崇禎丙子，容城被圍，率里人堅守，巡撫上其事，有旨褒美而已。時李自成已陷秦晉，「賊氛」甚迫，乃移家之易州五公山中，依之者數百家。奇逢定條約，修武備，暇則講論身心性命之學，遠近慕德，土賊亦相戒勿犯孫先生。順治中，巡按御史柳寅東陳蜚交章論薦，朝命敦促，固辭，弗應詔。遂率子弟躬耕於蘇門之百泉山，築堂名兼山，讀易其中，四方負笈而來者日衆。睢州湯斌，成進士後始從學，謹守師說，奇逢門下第一人也。其學於憂患中默識心性原本，嘗曰：「喜怒哀樂中，視聽言動必合於禮，子臣弟友盡分，此終身行不盡者。世之學者不務躬行，惟騰口說，徒增藩籬，於道何補！」病世之辯朱陸異同者不知反本，著理學宗傳，以周、程、張、邵、朱、陸、薛、王、羅、顧十一子爲正宗，漢董子以下迄明季諸儒中謹守繩墨者次之，横浦慈湖等議論有出入儒佛者又次之。其言平實切理，門户之見泯然矣。康熙十五年卒，年九十二。孫之詮，康熙壬戌進士。

刁包

刁包，字蒙吉，祁州人。明天啟中舉人，再試不第，遂謝公車，力志於學。嘗曰：「吾日三省吾身：心無妄念乎？言無妄發乎？事無妄爲乎？」居鄉黨，恂恂如也，然見義必爲，勇過孟賁。崇禎末，流賊至祁，散家財，結聚千餘人，守且戰，賊卻走。時有二璫督兵，探卒報賊勢張甚，璫怒，謂卒誑語惑軍心，欲斬之。包厲聲曰：「必欲殺此卒，請先殺刁包！」二璫氣索而止。賊去，流民滿野，爲茅屋處之，且給以食，有傷痍者予以藥，存活數百人。山東婦女被難者不能歸，遣健僕六人護之歸，于其行，敦屬六人保護，八拜而送。六人感泣，盡歸諸其家，無一人失所也。甲申聞變，服斬衰，朝夕哭。忽有僞官趣之起，七發書拒之，其人將行戕害，會闖敗得免。初，聞百泉講學，嚮慕其言行；後讀梁谿高氏遺書，大喜曰：「不讀此書，虛過一生矣。」作木主奉之，或有過，即跪主前自訟。居父喪，慟哭無已時，鬚髮盡白，三年不入內，不飲酒食肉，能盡古喪禮。及母歿，大哭，嘔血數升，以毀卒。將卒時，肅衣冠起坐，命子瀌告先人及高子主前，俄曰：「吾胸中無一事，去矣。」遂逝。門弟子私謚爲文孝。

李中孚

李中孚，盩厔人，家在二曲之間，人稱爲二曲先生。父可從，字信吾，烈士也。崇禎末，應募從軍，隸監紀孫兆祿軍，從陝西總督汪喬年討闖賊，喬年戰死襄城，兆祿與可從等五千餘人同日死難。中孚年十六而孤，母彭氏教之讀，家貧，常借人書，遂博覽經史，攷其誤謬，著書數十卷。及長，盡棄之，爲窮理之學，以悔過自新爲始基，静坐觀心爲入手。謂必静坐乃能知過，知過乃能悔過，悔過乃能改過，此顔子不遠復之功也。已而母殁，往襄城求父骨，將以合葬，不得。襄城知縣張允中感其孝，爲可從立祠。常州知府駱鍾麟師事中孚，聞在襄城，迎至道南書院，主東林講席。繼講于江陰、靖江、宜興，興起甚衆。還襄城以竣祠事。初，可從從軍，以落齒一枚與其妻曰：「賊氛甚熾，此行恐不能生還，見齒如見我也。」中孚以落齒與母合葬，名曰齒冢，崑山顧炎武作襄城紀異詩以褒美之。

康熙十二年，陝西總督鄂善以隱逸薦，固辭以疾。十七年，禮部以真儒薦，大吏至其家敦迫之，中孚絶粒六日，至拔刀自刺。大吏駭去，得以疾辭。遂居土室，反扃其户，不與人通。後聖祖西巡，召赴行在，辭以老病，乃就其家取所著四書反身録，賜額曰「關中大儒」。大吏使作表謝，詞甚拙，大吏笑置之。晚還富平，率弟子王心敬傳其學。

心敬字爾緝，鄠縣人。少爲諸生，歲試，學使遇之不以禮，脱帽而出。居平不苟言笑，終日默坐。有人問學，曰：「反求諸己而已矣。」心敬學問淹通，有康濟之志。所著豐川集中，論選舉、餉兵、馬政、區田法、圃田法、井利説、井利補説諸篇，皆可起而行，較之空談性命，置天下蒼生於度外而不問者，豈可同日語乎！朱高安督學關中，數造廬請益焉。陝西總督額忒倫、年羹堯先後上章薦於朝，兩徵不起。羹堯以禮招致幕府，心敬見其所爲驕縱不法，避而不見，亦不往謝。世宗聞而重之。乾隆初，有蒲城新進士應廷試，鄂西林相國問豐川安不，豐川，心敬之號也。進士不知爲何許人，茫無以對。相國笑曰：「若不知若鄉有豐川，亦成進士耶！」

李因篤

李因篤，字天生，一字子德，富平人，明季庠生。時天下大亂，因篤走塞上訪求勇敢士，招集亡命，殲賊以報國，無有應者。歸而閉户讀經史，爲有用之學，與李中孚友善。崑山顧炎武至關中，主其家。甲申、乙酉之閒，與炎武冒鋒刃，閒關至燕中，兩謁愍帝攢宮。康熙己未，詔舉博學鴻詞，朝臣交章薦之，因篤以母老辭。是時，秉鈞者聞其名，必欲致之，大吏承風旨，縣官加意迫促，因篤將以死拒，其母勸之行，始涕泣就道。試授翰林院檢討，以母老且病，上疏辭職歸養。疏曰：「竊惟幼學而壯行者，人臣之盛節；辭榮而乞養者，人子之苦心。故求賢雖有國之經，而教孝實人倫之本。伏蒙皇上勅諭內外諸臣保舉學行兼優之人，比有內閣學士項景襄、李天馥、大理寺少卿張雲翼等，旁採虛聲，先後以臣因篤姓名聯塵薦牘，獲奉諭旨，吏部遵行陝西督撫促臣應詔赴京。臣母年逾七旬，屬歲多病，又緣避寇墜馬，左股撞傷，晝夜呻吟，久成廢疾，困頓牀褥，轉側需人。臣止一弟因材，從幼過繼於臣叔曾祖家，分奉小宗之祀。臣年四十有九，兒女並無，母子煢煢，相依爲命，躬親扶侍，跬步難離。隨經具哀辭，次第移咨吏部，吏部謂咨內三人，其中稱親援病，恐有推諉，一概駁回。竊思己病或可僞言，親老豈容假借！臣雖極愚不肖，詎忍藉口所生，指爲諉卸之端！痛思臣母遲莫之年，不幸身嬰殘疾，臣若貪承恩詔，背母遠行，必至倚門倚閭，夙病增劇。況衰齡七十，久困扶牀；輦路三千，難通嚙指。一旦禱北辰而已遠，迴西景以無期，萬一有人子所不忍言者，則毛義之捧檄不逮其親，温嶠之絶裾自忘其母，風木之悲何及，缾罍之恥奚償！即臣永爲名教罪人，虧子職而負朝廷，非臣愚之所敢出也。皇上方敬事兩宫，聿隆孝治，細如草木，咸被矜容，自能宏錫類之仁，推之士庶，寧忍孑然母子飲泣向隅，奪其烏鳥私情，置之仕路！蓋閣臣去臣最遠，故以虛譽採臣，而不知臣之有老母也。臣雲翼與臣皆秦人，雖所居里閈非遠，知臣有老母，而不知其既病且衰，委頓支離至於此極也。即部臣『推諉』之語，概指臣三人而言，非謂臣必舍其親而不知顧也。且臣雖譾陋，而同時薦臣者悉皆朝廷大臣，其於君親出處之義，聞之熟矣。如臣獵名違母，則其始進已乖，不惟瀆斁天倫，無顔以對皇上，而循陔負疚，躁進貽譏，則於薦臣諸臣亦爲有靦面目。去歲臺司郡邑絡繹遣人，催臣長行，急若風火，臣趨朝之限雖迫於戴星，而問寢之私倍懸於愛日。然呼天莫應，號泣就途，志緒荒迷，如墮雲霧，低頭轉瞬，輒見臣母在前，寢食俱忘，肝腸迸裂，其不可瀆官常而干禄位也明矣。況皇上至聖至仁，以堯舜之道治天下，敦倫厚俗，遠邁前朝，而臣甘違離老親，致傷風化，有臣如此，安所用之！乃臣自抵都以來，屢次具呈具疏，九重嚴邃，情壅上聞。隨於三月初一日扶病考試，蒙皇上拔之前列，奉旨授臣翰林院檢討，與臣同官纂修明史，聞命悚惶，忝竊非分。臣衡茅下士，受皇上特達之知，天恩深重，何忍言歸！但臣於去秋入京，奄更十月，數接家信，云臣母自臣遠離膝下，哀痛彌侵，晝夜思臣，流涕無已，雙目昏眊，垂至失明。臣仰圖報君，俯迫諗母，欲留不可，欲去未能，瞻望闕庭，進退維谷，乃於五月二十一日具呈吏部，未蒙代題。臣孺切下情，惟哀祈君父查見行事例，『凡在京官員無以次人丁，聽其終養』。臣身爲獨子，與例正符，伏願皇上特沛恩慈，許臣遄歸扶養其母，叨沐聖澤，以終天年。臣母殘病餘生，統由再造，臣母子銜環鏤骨，竭畢生而報國方長，策名有日，益圖力酬知遇，務展涓埃矣。」疏上，有旨放歸。吳江鈕琇謂本朝兩大文章，葉方伯映榴絕命疏與因篤陳情表也。後奉母家居，晨夕不離左右，鄉人稱其孝焉。

其學以朱子爲宗。時二曲提唱良知，關中人士皆從之遊。二曲與因篤交最密，晚年移家富平，時相過從，各尊所聞，不爲同異之說。君子不黨，其二子之謂乎！平生尚氣節，急人之難，亭林在山左被誣陷，因篤走三千里，至日下泣訴當事而脫其難。性伉直，面斥人過，與毛奇齡論古韻不合，奇齡强辯，因篤氣憤塡膺不能答，遂拔劍斫之，奇齡駭走，當時相傳爲快事。或曰：「因篤性剛，非君子也。」予曰：「無欲則剛，人之所難，故聖人有未見之歎。子之言過矣。」因篤詩文出唐入宋，乃一代作者，有壽祺堂集行於世。

孫若羣

孫若羣，淄川人，學贍品端，言動有則，鄉里稱爲小聖人。早歲成進士，謁選京師，任少司寇克溥延之課子，坐不易牀，食不兼豆，雖盛暑亦衣冠危坐，如見大賓。司寇知其二子應童子試，時山左學使與司寇交善，將爲之地，而不知二子名，屢欲問之，憚其嚴，終不敢發。若羣寡言語，然有問難者，則指畫談議，滔滔不絕。評騭人文，務愜其隱，窮通壽妖，皆能以文決之。康熙癸丑，出爲交城知縣，遣其子歸淄就昏。去後，見其近作制藝，嘆曰：「吾子其不反矣！」歸家數日，竟無故自縊死。治交多異政，秩滿遷四川某州知州，卒於官。

張沐

張沐，字仲誠，上蔡人。順治十五年進士，除直隸內黄縣，敦教化，重農事，注六諭敷言，反覆譬喻，雖婦孺聞之，亦憬然改過也。朔望集諸生講學明倫堂，勉以聖賢之道。在官五年，坐事免。復以薦起知四川資縣，治資如內黄，一載告歸，從百泉遊。初，湯文正道出內黄，與語大悦，寄書百泉，稱其任道甚勇，求道甚切。及入京，文正與人書，又云：「仲誠脚踏實地，學以主敬爲功，治易有心得，當代真儒也。」後主遊梁書院，晚闢白龜園以教學者，時人咸稱爲上蔡夫子云。

竇克勤

竇克勤，字敏修，柘城人。少勤學，讀書恆至夜半。比長，治五經，聞耿介石傳百泉之學，從之游，居嵩陽六年，遂契心宗。介石名介，登封人，順治八年進士，官至少詹事，百泉之高弟子也。克勤應京兆試獲雋，謁湯文正公，日夕請業。文正謂師道不立，由教官之失職，勸克勤就教職，選泌陽教諭。泌陽地小而僻，人鮮知學，克勤立五社學，置之師，各設規過勸善簿，月朔稽善過而觀懲之。又立童子社學，授以孝經、小學，次及四書、五經。暇則讀書，雖饘粥不繼，宴如也。康熙十七年，成進士，選庶吉士，丁母憂歸，于柘城東門外建朱陽書院，倡導正學。服除入京，授檢討。一日，聖祖命諸翰林院作楷書，克勤書「學宗孔、孟，治法堯、舜，而其要在慎獨」十四字以進，聖祖覽而器之。尋以父老乞歸。著有孝經闡義、事親庸言，切於內行。卒年六十四。

劉原淥

劉原淥，字崑石，安邱人。明末盜賊蜂起，原淥與仲兄某率鄉人壘土爲堡以禦賊。賊至，守堡者多被創死，仲兄出鬭，身中九矢，力戰。原淥從之，發數十矢，矢盡，仲兄麾之去，原淥大呼曰：「離兄一步非死所！」乃舉刀斬二渠帥，獲馬六匹，賊遁去。亂定，以力耕致富。既而推膏腴與仲兄，以其餘爲長兄立後，兼贍亡姊家。於是謝人事，閱道書，求長生久視之術，寢食俱廢，得咯血疾，遂棄去。後讀宋儒書，乃篤信朱子之學，集朱子書，作續近思録。嘗曰：「學者居敬窮理，二者皆法文王而已矣。『小心翼翼，昭事上帝』，居敬之功也；『不識不知，順帝之則』，窮理之功也。」每五更起，謁祠後，與弟子講論，常至夜分。仲兄疾，籲天祈以身代；兄死，三日内水漿不入口。又爲鄉人置義倉，儉歲煑粥以食饑人。嘗曰「人與我一天而已，何畛域之有焉！」卒年八十二。

姜國霖

姜國霖，字雲一，濰縣人。生有至性，父客燕中感病，國霖往省，跣足千里。至則父已歿，無錢市棺，以衣裹尸負之行，乞食歸里，泣告族黨曰：「父死不能斂，又不能葬，欲以身殉，又有老母在，長者何以教我？」人憐其孝，爲捐金以葬。母善怒，一日怒甚，國霖作小兒嬉戲狀，長跪膝前，持母手披其面，母大笑，自是不復怒。時年五十矣。師事昌樂周士宏，嘗與雲一至莒，樂其山川，遂移家昌樂，死而葬焉。國霖築室墓側，安貧守素，不求於人。值歉歲，三旬九食，莒人恐其餓死，聞於官而周之粟，亦弗卻也。昌樂閻循觀問國霖喜讀何書，曰：「論語終身味之不盡。予年四十始能不以貧富攖其心，五十始能不以死生動其心。」其自述如此。

循觀字懷庭，年十八舉於鄉，初喜讀西方書，後覽朱子大全集，乃專志洛、閩之學。少孤，及長，春秋家祭，哀慕泣下。乾隆三十四年，成進士，授考功司主事，持大體，不阿附上官。衙中會食，必四五簋，循觀獨懷餅食之。同僚哂其儉，曰：「性能粗糲，非矯强也。」一同年友爲外官，遺之金，不受，曰：「忝居此職，不敢受，且不可以貧累君也。」未幾，引疾歸，卒於家。循觀之友有韓夢周者，字公復，濰縣人，乾隆二十二年進士。其學以存養、省察、致知三者爲入德之資，躬行士也。後爲萊安縣，有政聲，長洲彭進士紹升稱其治萊如元魯山。

孫景烈

孫景烈，字□□，號酉峯，武功人。早歲舉於鄉，爲商州教官，勤于課士，不受諸生一錢。雍正年間，巡撫蒲坂崔公以賢良方正薦，授六品銜。乾隆庚午，陳文恭公撫陝，奉旨舉經明行修之儒，將以景烈名入告。先是二年，己未，成進士，明年授檢討，以言事忤旨放歸。景烈深自韜晦，乃以賦性拘墟、學術膚淺固辭。主讀關中書院蘭山書院，教生徒以克己復禮。居平雖盛暑必肅衣冠。韓城王文端公爲入室弟子，嘗語人曰：「先生冬不爐，夏不扇，如邵康節；學行如薛文清。」又曰：「先生歸籍三十年，雖不廢講學，獨絶聲氣之交，爲關中學者宗，有自來矣。」

記者曰：自孫奇逢以下諸君，皆北方之學者也。北人質直好義，身體力行；南人習尚浮誇，好騰口說，其蔽流於釋、老，甚至援儒入佛，較之陸、王之説，變本加厲矣。北學以百泉二曲爲宗，其議論不主一家，期於自得，無一語墮入禪窟。即二曲雖提唱良知，然不專於心學，所以不爲禪言，不爲禪行也。刁、王諸子亦皆敬守洛、閩之教者，豈非篤信志道之士哉！

卷下

劉汋

劉汋，字伯繩，山陰縣人，忠介公宗周之子也。忠介家居講學，弟子中有未達者，問於汋，答問如流，無滯義，共相敬服。及忠介聞國變絶食死，唐魯二王皆遣使致祭，蔭以官，辭曰：「敢因父死以爲利！」既葬，杜門不出，絶人事。副使王爾禄，故忠介門生，以白鏹三百兩請刊忠介遺書，不受，語來伻曰：「幸爲我辭！出處殊途，毋苦相强！」忠介欲著禮經考次一書，屬汋撰成，處小樓中日夕編纂。以夏小正爲首篇而附月令，帝王所以治曆明時也。次丹書而附王制，正己以正朝廷百官萬民也。於是原禮之所由起，而次禮運焉；推禮之行於事，而次禮器焉；驗樂之所以成，而次樂記焉。然後述孔子之言，次哀公問，次燕居、閒居、坊記、表記；設爲祀典，次以祭法、祭義、祭統、大傳；施於喪葬，次以喪大記、喪服小記、雜記，申以曾子問、檀弓、奔喪、問喪，終之以閒傳、三年問、喪服四制，而喪禮無遺矣。君子常服深衣，雅歌投壺，不可不講也，則次以深衣、投壺；男女冠笄婚姻所有事，則次以冠義、昏義而鄉飲酒義、射義、燕義、聘義。合三十篇，謂之禮經。别分曲禮、少儀、内則、玉藻、文王世子、學記七篇，謂之曲禮。垂老未卒業，其子茂林始克成之。著書之暇，談論惟史孝咸惲仲升數人而已。或勸之舉講會，不應，戒其子曰：「若等當常記憶大父遺言，守人譜以終身，足矣。」人譜，忠介所著書也。病時所卧榻，乃假之祁氏者，强起易之，曰：「豈可終於假人之榻耶！」門弟子私謚曰貞孝先生。惲仲升，號遜庵，壽平之父，黄宗羲以仲升爲蕺山門下第一人，其事蹟莫詳。或曰「魯王監國時授職爲監司，兵敗後薙髮於靈隱寺，久之攜子歸毘陵，反初服」云。

韓孔當

韓孔當，字仁父，沈求如之弟子。其學以名教經世，嚴於儒佛之辨。家貧，未嘗向人稱貸，每言立身須自節用始，出陵梭山居家制用一編示學徒。與人講學，反復開導。人有過，於講學時以危言動之，而不明言其過，聞者内愧沾汗也。疾亟，謂弟子曰：「吾於文成宗旨，覺有新得，然檢點於心，終無受用。小子識之！」味其言，則知其學不尊文成而尊朱子矣。

邵曾可

邵曾可，字子唯，與韓孔當同時，皆餘姚人也。爲人以孝弟爲本。少愛書畫，一日讀孟子「伯夷，聖之清者也」句，忽有悟，悉棄去，壹志於學。時初立姚江書院，里人多笑之，曾可曰：「不如是，虚度此生。」遂往聽講。主講者爲史孝咸，曾可師事之。其初以主敬爲宗，自見孝咸之後，專守良知。嘗曰：「於今乃知知之不可以已。日月有明，容光必照，不爾，日用跬步鮮不貿貿者矣。」孝咸病，晨走十餘里叩牀下省疾，不食而反，如是月餘，亦病。同儕共推爲篤行之士焉。

張履祥

張履祥，字考父，桐鄉人，明季諸生。幼孤貧，不能就外塾，其母受以四子書。及長，從劉忠介公游，嘗書所得呈質，忠介可之。明亡，教授里中，著經正録，自敍云：「天之恆道，民實秉之，存亡顯晦而治亂以分，由古道今，百世無忒也。故綱常者，經世之本，父子君臣之道得而國治，猶恆星不忒而五氣順布，四時序行也。邪慝生於心，則禍亂中於世，殆非朝夕之故矣。極陰生陽，無往不復，有開必先，非學不爲功。竊取反經之義，輯舊聞，舉其要以端其本」云云。居鄉躬耕，習於農事，著補農書，以爲學者舍稼穡別無治生之道。能稼穡，則無求於人而廉恥立；知稼穡之艱難，則不敢妄取於人而禮讓興。廉恥立，禮讓興，而世道可以復古矣。又著有楊園備忘録。其學以鹿洞爲宗，蓋蕺山見姚江末學流於禪言禪行，作人譜以正其失，履祥傳其學，故所著之書切於日用。是時，主講者多不務已，徒騁口辯，深疾其所爲。不敢抗顔爲師，來學者一以友道處之。履祥頗能詩，秀水朱彝尊稱其詩無頭巾氣云。

朱用純

朱用純，字致一，崑山人。父集璜，貢生，大兵下江南，城破不屈死。用純痛其親之死，取王裒攀柏事，自號柏廬。其學以主敬爲程。長洲徐枋屢以書問學，答曰：「竊觀吾兄酬應人倫，微喜諧謔，雖無損大節，要非君子所宜爲。何者？書云：『德盛不狎侮。』身狎侮，其職不修；心狎侮，其體不立。孔子曰：『修己以敬。』己非外人物而爲孤子之己，修亦非外人物而爲偏寂之修，故一修己而人安百姓安矣。若視他人一分可忽，便是自己一分學力未到。蓋聖賢實見人之與我，此心同，此理同，吾無可驕於彼，彼無可爲吾所忽者。夫婦之愚不肖，可以與知能，及其至也，雖聖人亦有所不知不能，夫又何可忽乎哉！夫又何可忽乎哉！狎侮之心畢竟起於忽人，忽人之心畢竟起於不自修，未見自修之至而猶恐忽人者也。此温恭克讓所以爲堯之德，温恭允塞所以爲舜之德也。」枋又言須先發悟，而後可以言學。用純曰：「聖賢之道，不離乎事事物物，即事事物物而道在，即事事物物而學在。苟欲先得乎道而後言學，則離事與物而二之，亦析學與道而二之矣。朱子曰：『人須是博學、審問、慎思、明辨、篤行，然後可到易簡地位；若先以易簡存心，便入異端。』惟即事物而達簡易之理，故應天下之事，接天下之物，不覺其煩難；若舍事物而求簡易，則雖應一事，接一物，便覺煩難，不勝分錯。聖賢之學，無過一敬，敬猶長隄巨防，滴水不漏。敬之至也，一敬而天下之理得，天下之能事畢，變通鼓舞，盡利盡神，希聖希天之學俱在於是。」

用純居平晨起謁家祠，誦孝經。置義田，贍宗族，友愛諸弟，白首無閒。康熙十八年，詔舉博學鴻儒，有將以用純薦者，力卻之；有司舉鄉飲大賓，亦弗應。其教生徒，先授以近思録，次以四子書。每歲孟春，率生徒行釋奠先師禮，將事後，講書一章，以誠意啟沃人心。又恐學者空言無實，作輟講語，反躬自責，言多深切。鄉里重其學行。世傳家訓，乃用純之文，世人不知，誤爲文公所作。卒年七十二。

卒之前三日，設先人位，拜于中堂，起顧弟子曰：「學問在性命，事業在忠孝，勉之！」著有愧訥集、大學中庸講義行於世。無子，以弟之子導誠嗣。徐枋字昭法，明史有傳。

沈昀

沈昀，初名蘭先，更名昀，字朗思，仁和人，前明諸生，劉忠介之弟子也。明亡，教授里中，嘗絕糧，採階前馬藍草爲食。客有餽米者，不受；客固請，昀固辭。推讓良久，昀饑且憊，遂仆於地，客乃駭走。既而蘇，徐起，笑曰：「其意可感，然適以困老人耳。」忠介卒後，傳其學者互相爭辯，曰：「道在躬行，徒以口舌爭，非先所望於吾曹也。」以喪禮久廢，輯士喪禮說，授弟子陸寅。疾亟，人問曰：「此時何似？」曰：「知誠敬而已。」没後，貧無以斂，友人應撝謙經紀其喪，爲之涕泣不食。或問之，曰：「吾不敢輕受賻以辱先生。」撝謙之徒姚敬恆趨而前曰：「如敬恆者，可以斂沈先生乎？」曰：「子之篤行，乃沈先生所許也，可矣。」敬恆乃斂而葬焉。

謝文洊

謝文洊，字秋水，南豐人，明季諸生。時天下大亂，慨然有出世志，入廣昌香山爲浮屠氏之學，好大慧和尚書，學佛益力。後得餘姚龍溪書讀之，大悔前此之非，遂偕友生講於新城之神童峯。有王聖瑞者力攻陽明，與之辯論，累日不能勝，退而爲之心動。又讀羅整菴困知記，遂專力程朱，闢程山學舍，顏其堂曰尊洛。著大學中庸切己録，以爲爲學之要，「畏天命」一言盡之矣。聖人一生戰兢惕厲，曰「顧諟天之明命」，曰「上帝臨汝，無貳爾心」，曰「昊天曰明，及爾出王，昊天曰旦，及爾游衍」，無非畏天命之心法。學者注目而視惟此，傾耳而聽惟此，稍有一念之私，急須痛悔刻責，速自洗滌，無犯帝天之怒。工夫既久，人欲淨盡，上下同流，樂天境地可得而臻也。時寧都易堂九子、星子髻山七子，以文章氣節名。髻山宋之盛過訪文洊，見其學行醇粹，遂約易堂魏禧、彭任會講程山，咸推文洊篤恭行，識道本。康熙二十年，得疾，自爲墓志卒。

應撝謙

應撝謙，字嗣寅，仁和人。早歲能文章，尚氣節，與虞畯民、張伏生、蔣與恆諸子結社講學。因東林之後，幾、復二社以詩文制藝號招南北知名之士，非顧高二君之志也，於是絶聲氣之交，獨究性命之旨，故名其社爲猥社。康熙十八年，以博學鴻儒徵，稱疾不行。大吏促之，輿牀詣有司驗疾，乃得免。海寧知縣許某請主書院，兩造其廬，不見，既而曰：「是非君子之道也。」乃棹小舟往謁。令大喜曰：「先生其許我耶？」遂巡對曰：「令君學道，但從事於愛人足矣。彼滕口説者，客氣耳。」令默然。既出即行，弟子曰：「令君必來，去何急也？」笑曰：「令君好事，必有所贈，拒之則益其愠，受之則非心所安也。」遂解維疾去。同里姜圖南爲巡鹺御史，歸贈撝謙金，弗受。一日遇諸涂，方盛暑，撝謙衣木棉衫，圖南歸，遺以葛二端，且曰：「此非盜蹠物也。」撝謙卻之曰：「吾昨偶中寒，絺衣故在篋也。」其治經以實踐爲主，坐卧小樓中，一几一榻，書籍之外，別無長物，終日端坐，無疾言遽色。遠近從學者甚衆。里中一惡少年使酒好鬭，忽求聽講，許之，聽講三日，甚拘苦，遂去，使酒如故。一日，持刀欲殺人，勢洶洶莫能沮，忽見撝謙來，遽失色，刀墮於地。撝謙以好語撫之曰：「一朝之忿，何至於此！」少年俯首謝過去，自後與人爭，傍觀者不能勸解，紿之曰「應先生來矣」，即遁走。所著書甚多，以朱子爲宗；陽明之說，亦不致辯也。

吳慎

吳慎，字徽仲，歙縣諸生。篤行好學，尤致力於宋五子書。以誠敬爲宗，故自號敬菴。遊梁谿時，主東林書院者爲高世泰，字彙旃，忠憲公之從子也，恪守家法，春秋釋奠畢，升堂即席，以次開講，威儀肅然，莫不斂容欽聽。慎與施璜、無錫張夏同受業焉。後歸歙，會講紫陽還古兩書院，四方來學者甚衆，老於家。著有周易粹言、大學中庸章句翼行於世。

施璜

施璜，字虹玉，休寧人。初爲舉業，詣府應試，入紫陽書院聽講，瞿然曰：「學者當如是矣。」遂棄舉業，發憤志於道。自梁谿歸，紫陽還古兩處會講首推璜。璜先期齋戒，至開講日，肅衣冠升座，以誠感人，教學者以九容養外，九思養內，以造於自得，學者翕然宗之。在東林時，將歸，與世泰約某年某月日來赴講會，及期，世泰設榻以待。或曰：「千里之期，能必信乎？」曰：「施生，篤行君子也，必如約。」如失信，不至，吾不復相天下士矣。」言未終而瓚挈其子至矣。著有思誠録、小學近思録發明等書。

張夏

張夏，字秋紹，隱於菰川，孝友力行。初受業於馬文肅之門，後入東林書院。其學先經後史，博覽强記，而歸本修齊。高世泰殁後，主東林講席。湯文正爲江蘇巡撫，至書院與夏講學，韙其説，邀至蘇州學宫講孝經、小學，退而著孝經解義、小學論注。又考先儒書，著洛閩源流録。卒年八十餘。

彭瓏

彭瓏，字雲客，號一庵，蘇州衛籍。早歲補庠生，有文名。順治初，結慎交社，始則宋實穎弟兄三人及尤侗、汪琬、吴敬生七人而已；後遠近聞風，入社者不可勝紀。年近四十，貢入成均，廷試以知縣用，不就。順治十四年，順天鄉試舉人。十六年，成進士，選惠州長寧縣。縣城在山中，僅五里，前假令貪而酷，民甚苦。瓏至，去苛政，與民休息，自書楹柱云：「厥田下下，惟願減賦輕徭，汔五都之小息；自我居居，庶幾飲冰茹蘗，偕百姓以長寧。」數月後，訟簡民安，訟庭稀鞭扑聲。以廉直忤知府，又與前假令有隙，乃合謀誣陷，遂罷官歸。

初，瓏好佛，又喜道家言；至六十餘，得梁谿高顧二家書讀之，始潛心儒術，一以主敬律身。嘗謂其子定求曰：「吾始泛濫涉獵，好語渾同，所謂騎牆耳，寧有當乎！學至窮神達化，而終歸於一矩，故知居敬窮理之功不可須臾懈也，尚何敢曠逸之耽，馳騖之役乎！」于是悉屏平生所玩物，署所居曰志矩齋，端坐其中，陳四子書、五經及宋儒諸書，尋繹點注，夜以繼日，自稱信好老人。集諸生課八股文，引而進之於道，弟子著録者百有餘人。或曰：「公何自苦？」曰：「吾不忍使後生之無聞也。」湯文正知瓏學，嘗稱之聖祖前，文正卒，瓏爲之出涕曰：「不復見正人矣。」吴民立文正祠，歲時伏臘必至其祠，瞻拜盡禮。卒年七十又七。弟子私謚曰仁簡先生。

子定求，字勤止，康熙十二年舉人，十五年，會試廷對皆第一，官至國子監司業。定求孫啟豐，字翰文，雍正四年舉人，明年會試殿試亦皆第一，官至吏部右侍郎。彭氏在明時，仕不過七品，自瓏以後，一門鼎貴，爲三吴望族。瓏治家整肅，至今子弟恪守庭訓，不踰規矩，有萬石之遺風。江南世禄之家鮮克由禮，當以彭氏爲矜式焉。

高愈

高愈，字紫芝，無錫人，忠憲公之兄孫也。十歲，讀忠憲遺書，卽有向學之志。後補弟子員，不事帖括，日誦經史，謹言行，嚴取舍。嘗曰：「士求自立，須自不忘溝壑始。」事親孝，父晉侯嗜酒，每食必具酒肉；出就人飲，必遣僮往候，已立道左，俟父出，趨而扶掖歸。先後居父母喪，不內寢，不飲酒食肉。有兩兄皆没，撫其子女，爲之昏嫁。家有田數十頃，性好施予，所入錢穀，隨手輒盡。晚年坐是大困，嘗啜粥七日，尚挈子登城遠眺，可謂「貧而樂」矣。張清恪撫吴日，檄有司延主東林講席，以瘍疾辭；有司饋以椵皮，不受。平居和易近人，以巽語道子弟，不加訶斥。終日靜坐，不欠伸；當暑不裸跣；與人食，不越箟下箸。里人有忿争者，至愈前，輒慚愧而去。時縣中講學者好以道學相攻擊，獨於愈，皆曰：「君子人也。」著有周禮、朱子小學注。乾隆中，督學尹會一以小學注頒行於學官，使諸生習之。

顧培

顧培，字畇滋，無錫人。少多病，其母憂之，命棄舉子業，事胎息導引之術，行之有效。後從宜興湯之錡問學，幡然改曰：「道在人倫庶物而已。甚矣哉，吾向者之自私也！」之錡歿，有弟子金敞傳其學，培築共學山居以延敞，晨夕講貫，守高忠憲靜坐之説，於默識未發之中，悟性善之旨，四方來學者甚衆。春秋大會於山居，復行忠憲七規，有請益者，教以默識大原，實體倫物，七日後，釋奠先師，習禮歌詩，歲以爲常。張清恪公詣東林講學，疑靜坐非入德之方，培暢忠憲之旨，往復千言，清恪不能難也。

錢民

錢民，字子仁，嘉定人，早孤。年十三，棄書學賈。性拘謹，言動以禮，數爲鄉里所侮，慨然曰：「世多妄人，求其不妄者，惟聖人乎！」聞青浦有孔子衣冠墓，齋戒往祭，願爲聖人之徒。其夕，夢一偉丈夫告之曰：「道之不明，由後儒之説亂之也。子欲爲學，屏去漢以後書，其可矣。」既歸，始取四子書讀之，題所居曰存養，反觀克己，日有啟發。陸清獻公知嘉定，從之講學。又五年，清獻在籍，往平湖見之。

清獻與之語，多不合，怪問其所由，曰：「公從朱子入，民從孔子入耳。」嘗與友人書曰：「先聖之學，貴乎本末兼盡，始終有序。大學所謂『知本』者，作聖之基也；『誠正』者，作聖之功也。中庸所謂『尊德性』，先也，本也；『道問學』，後也，末也。『卽物窮理』，其病在於無本；『六經注我』，其誤在於無末。論語曰：『君子務本，本立而道生。』朱子以爲學者不可厭末求本，教人但學其末，是所謂『其本亂』矣。本亂而求末之治，豈可得乎！此未合乎大學也。孟子曰：『堯舜之知不徧物。』中庸曰：『雖聖人亦有所不知焉。』朱子教初學者卽責以『知盡而後意可誠』，又云『格物者，窮事事物物之理；致知者，知事事物物之理』。如此，則意之惑亂滋甚，又安可得而誠乎！且堯舜之知不能徧物，況初學乎！此未合乎孟子也。」又言今之學者不知追求孔孟之實，而紛紛焉爭朱陸之異同，是謂「舍己田而芸人之田」，終亦必亡而已矣。培之說，以經注經，頗得經旨。「卽物窮理，其病在於無本；六經注我，其誤在於無末」二語，可謂破的之論，辯朱陸之異同者，何嘗見及此哉！

勞史

勞史，字麟書，餘姚人。世爲農。少就塾讀書，長而力耕以養父母，夜則披卷莊誦。讀朱子大學、中庸序，慨然以道自任。又讀近思録數過，起立設香案稽首曰：「吾師在是矣。」史以爲天之命我者若君之詔臣，父之詔子，一廢職卽膺嚴譴，一墜家業卽窮無所歸，可不慎哉！引接後學，委曲盡誠，傭工下隸，皆引之向道，曰：「盡汝分所當爲，務實作去，終身不懈，卽是賢人，勿自棄也！」聞者莫不憬然。其德化於鄉里，商賈不鬻僞物。有争鬬者，多攜酒登堂，求辯曲直，史巽語解紛，無不帖服。卽胬兒牧豎亦服其教，不事戲弄。一鄉之中，有洙泗之風焉。弟子桑調元自錢塘來謁，論學數日，臨行，送之曰：「我壽不過三年，恐不復相見矣。」後三年九月，語弟子汪鑒曰：「今月某日，吾其逝乎。」遂徧詣親友家飯，與老者言所以教，與少者言所以學，令家人治木飭喪事。死之前一夕，趣具湯沐，至期而歿。著有餘山遺書，調元所刻也。

鑒，餘姚人。父死於雲南，鑒護喪歸，至漢川，遇大風，舟且覆，抱棺大哭，誓以身殉，忽風回，得泊沙渚，衆呼爲孝子。爲人尚氣節，史戒之曰：「英氣，客氣也。其以問學融化之。」史之歿也，鑒實左右焉。

朱澤澐

朱湘陶，名澤澐，寶應人。早年力學，得程氏分年日程，卽次讀之，閱數年而略徧。更涉獵天文輿地諸書，窮竟原委。久之，始志於道，讀朱子語録有得。嘗言世之名朱學者，其居敬也，徒矜持於言貌，而所爲「不覩」「不聞」者離矣。其窮理也，徒汎濫於名物，而所爲「無方」「無禮」者昧矣。於是有舍德性而言問學，以爲朱學固如是者。不知從來道問學莫如朱子，尊德性亦莫如朱子，覩朱子中和之説，其於中庸之旨深乎！故知居敬窮理只是一事，窮卽窮其所存之心，存卽存其所窮之理，初非有二也。雍正六年，詔公卿各舉所知，澤澐同邑之劉師恕爲直隸總督，知澤澐之學行，欲薦於朝，作書與其弟，使先爲江湖路不迷。」命家人治後事，別親友卒。

道意，弗應。晚年，得脾疾，然猶五更起觀書，至夜分不倦。疾甚，吟康節詩曰：「任經生死心無異，雖隔

向璿

向璿，字荆山，山陰人。少攻八股文；年二十餘，居母喪，始閱性理書。一日讀孟子「人之所以異於禽獸者幾希」，瞿然曰：「吾其遂爲禽獸乎！」切己悔過，心不寧者數月。時有王行九者，文成之裔也，開講良知之學。璿往請業，聆其言，心有所得，以書問難，往復者再，遂致力於王氏之學。爲輔仁會，赴會十有餘人，每月朔一舉，威儀進止咸中規矩。里人目以爲癡，璿作癡人傳，其文以游戲出之，非居敬之道，茲不録。璿爲王學有年，後讀程朱書，心竊疑之，偶於書肆中得高忠憲公年譜讀之，遂盡棄其學而學焉。謹守雒閩諸書，與其徒辯析異同，著志學録，明其學一本程朱，不雜以異說。嘗言事事反躬，刻刻畏天：一刻不畏天，便是罪過；一事不反躬，便涉怨尤。故其平日雖小過亦自責甚嚴，日之所爲，夜必告天。

其弟子有黄艮輔程登泰。艮輔字序言，亦始宗王學，後歸程朱，能文章。登泰字魯望，侍父病勞瘁，得咯血疾，人稱爲孝子。疾劇，尚讀書不輟，人止之，曰：「死，命也。以學死，不愈於徒死乎！」二人皆山陰人也。

黃商衡

黃商衡，字景淑，改名商衡，長洲人，黃孝子農之遺孤也。節母金氏課商衡夜讀，常至雞鳴，時流涕述先人志行以勖之。家貧，或勸之使商衡學賈，曰：「命當貧，改業能富耶！吾不忍墮先人志也。」商衡承母志，益刻苦于學，夜寢，刻香繫鐵錘，下承銅盤，香盡錘墮，擊盤鏗然作聲，卽驚覺起讀。所爲文詞深理奧，因此久困童子試。陳恪勤公知蘇州府，試閱其文，曰「深入顯出，非熟讀宋五子書者不能作此文」，拔置第一。院試不獲雋，年四十餘始補弟子員，遂無意功名，日讀先儒性理書。尤好蕺山人極圖說，推衍其義，貫以論語、大學、中庸及橫渠朱子之緒，輯爲一書，題曰困學錄，自命爲又次學人。先是，孝子卒于康熙二十一年；雍正元年，詔訪窮簷苦節，節母年十七而寡，歿於雍正二年，五十餘年矣，例合請旌。時沈公德潛爲諸生，與其友數人請於大吏，具以聞，得邀旌典。至乾隆六年，其父復以孝子旌。謀建孝節坊，擇日奉主入忠孝祠，遽得疾，强起拜送，尋卒。

任德成

任德成，字象元，吳江府學生。篤於儒行，奉朱子白鹿洞規，因集自漢及明先正格言與洞規相發明者，合爲一書，名洞規大義，以明先後一揆之旨。居鄉勤施濟，置社倉，創鄉塾，濬萬頃江達之太湖，里中無水患。有司以聞，賜八品服。年饑，煮粥食餓者，鄉人德之。一夕，步於庭，有偷兒方踰垣下，見德成，驚欲竄走，徐語之曰：「子毋恐！得無患餒乎，吾與子米。」手量一斛給之，曰：「此危道也，慎勿更爲！」其人叩頭負米去，乃徧告其黨，相戒勿竊任氏。其言頗聞於人，于是同里津津傳述焉，而德成未嘗語人也。雍正初，詔舉賢良方正，鄂文端公爲布政使，欲薦德成，固辭乃已。乾隆三十七年，年八十九，十月得疾，誡其子曰：「勤讀書，勉爲善，守此兩言可矣。」遂吟康節詩云：「俯仰天地閒，浩然無所愧。」吟罷而逝。後詔採天下遺書，其家以所著書上之四庫館。

鄧元昌

鄧元昌，字慕濂，贛人也。少爲諸生，有文名，後得宋五子書讀之，曰：「今而後始知爲人之道矣。出入禽門而不知省，哀哉！」遂棄舉子業，致力於學。雩都宋昌圖以通家子往謁，與之講論，大喜曰：「吾小友也。」館昌圖於家，晨夕論學，爲日程，言動必記之，互相攷核。有兄瞽而頑，大小事必告而行；後母性暴而刻，每怒，元昌長跽請罪，必釋乃已。後母弟及弟婦，元昌待之甚厚。弟死有子，婦泣請於元昌曰：「感伯之德，誓不他適，願苦守撫孤兒。」元昌亦泣拜之。自是不入內處，攜其子寢於中堂，課其子與弟之子，後皆成立。元昌有田在城南，秋成視穫，見貧人子拾秉穗者，招之曰：「來，女無然！我教女讀，能背誦者，我與女穀。」羣兒爭趨之。始教以識字，既使諷章句，又以俚語譬曉之，羣兒踴躍受教。卒穫時，羣兒號曰：「先生將歸矣，奈何！」至有泣者。嗣後視穫，羣兒來學，以爲常。城南人無少長皆曰：「我鄧先生。」見有衣冠問元昌者，則曰「我先生客也」，不敢慢。市井人見元昌來，必起立，俟其去，始就坐。

其至誠感人也如此。

記者曰：劉汋以下，皆南方之學者也。夫道學始於濂溪而盛於洛閩，自龜山闢書院以講學，於是白鹿鵝湖相繼而起。逮及明時，講席徧天下，而東南尤甚。至本朝，其風衰矣。爰考厥初，其講學皆切於身心性命之旨；自道南東林以還，但辯論朱、陸、王之異同而已，是爲詞費，是爲近名。即以洛學而論，同時康節別立一幟，然二程不非邵，邵亦不非程也。朱陸之主敬主静及論尊德性、道問學之互異，亦各尊所聞，各行其志而已，初未嘗相爭相競也。惟太極無極之説，遺書往來，辯難不置，此乃教學相長之義，豈務以詞勝者哉！昔朱陸會於白鹿，象山講「君子小人喻於義利」章，聽者泣下，朱子深爲嘆服，謂切中學者隱微深痼之病。象山云：「青田亦無陸子静，建安亦無朱元晦。」觀二子之言，可見其廓然至公，無一毫私意存乎中矣。陽明之學，不過因陸子之言而發明之，其後爲王學者遂視朱子爲仇讎，朱子之徒又斥陸王爲異端。而攻擊者并文成之事功亦毁之，甚至謂明之亡不亡於朋黨，不亡於寇盜，而亡於陽明之學術。吁！其言過矣！藩詮次諸君子，於嘵嘵辯論三家之異同者，槩無取焉。

附記

沈國模

沈國模，字求如，明季餘姚諸生。爲文成之學，嘗與劉忠介公證人講會，歸而闢姚江書院，與管宗聖、史孝咸、史復講明良知之說。與山陰祁忠敏公友善。忠敏以御史按江東，一日杖殺大憝數人，適國模至，欣然述杖殺人事。國模瞠目字祁曰：「世培亦曾聞曾子曰『如得其情，則哀矜而勿喜』乎？」後忠敏嘗語人曰：「吾慮囚必念求如言，恐倉卒喜怒過差，負此良友也。」崇禎末，屏處石浪。明亡，聞忠介死節，爲位痛哭。順治十三年，死於石浪。管宗聖字霞標，餘姚人，崇禎十四年卒。

史孝咸

史孝咸，字子虛，餘姚人。國模殁後，繼主姚江書院。嘗曰：「良知非致不真。」又曰：「空談易，對境難。居處恭，執事敬，與人忠，精察力行之，其庶乎！」家貧，日食一粥，泊如也。其學以覺悟爲宗。崑山葛瑞五參學有得，通書孝咸，復之曰：「人生惟此一事，足下既於此有省，良可慶幸。深望百尺竿頭進步，否則藕絲一縷亦能絆人也。」卒於順治十六年。

王朝式

王朝式，字金如，山陰人，國模之弟子。嘗與證人社，忠介主誠意，朝式守致知，曰：「學不從良知入，必有誠非所誠之蔽。」由是會者往往持異同，從忠介學者多以沈史爲禪學。忠介嘗致書朝式，其畧曰：「僕生也晚，不及事前輩老師大儒，幸私淑諸人，於吾鄉得陶先生，學有淵源，充養自得。每與講席，積痼頓開，退而惘然，失所懷也。其他若求如之斬截，霞標之篤實，子虛之明快，皆僕自忖以爲不可及者，不問其爲儒與禪也。至足下志願之大，骨力之堅，至之以不止，成就正未可量，亦不暇遽問其爲儒與禪也。然而世人悠悠，不能無疑，曰『諸君子言禪言，行禪行，律禪律，何以道學爲』。諸君子自信愈堅，世人疑之愈甚。今將永拒人於流俗，不得一聞聖人之道，是亦諸君子之過也。傳有之：『中道而立，能者從之。』諸君子誠畏天命，憫人窮，有溥濟一世之願，盡一世之人納之大道，闖陽明之室，接孔孟之傳，則心迹去就之際，宜必有以自處矣。若止就一身衡量，諸君子既已自信矣，亦安往而不可乎！然僕有以知足下之必爲彼而不爲此也。」忠介所稱陶先生，陶奭齡也。朝式得書，亦不辯，亦不慍。崇禎十年，浙中大饑，朝式入嵊賑粟，全活甚衆。時天下大亂，將走四方求奇傑之士，謀治安戰守之策，不果行。尋卒，年三十八。朝式卒之年月無可考，大約在順治初也。

薛香聞師

先生諱起鳳，字家三。少孤，依舅氏廣嚴福公。公本滕縣諸生，厭棄世法，出家傳磬山宗，住揚州法雲寺。寺有謝太傅祠，謝氏子孫欲占爲己産，倚勢鳴官。福公見逐，居吴下，隱於卜，得錢，資先生從師讀。福公，卽吴人所稱不二和尚也。閒與先生論出世法，輒解悟，乃大喜曰：「末法衆生不識心原，儒佛互争。子欲見儒者身説法，要以見性爲宗，誠能見性，何儒佛之有！」先生之學出入儒佛，所由來矣。先生少爲長洲縣學生，與余古農師、汪孝廉元亮同學，爲古文詩歌，見稱於時。日夕讀書，損一目。高宗南幸紫陽書院，山長以先生名聞於大吏，强先生應召試，呈獻詩，中有「范寧中年眼暗侵」之句，山長令改之，不可。庚辰，舉於鄉，文名益著，來學者甚衆。嘗誨人曰：「作聖之基，當從誠意始。此心本無所染，意不誠，則有汙矣。須知此心染汙不得，能識子在川上、舜居深山時氣象，則取之左右逢原矣。」或有問輪回之説者，曰：「『精氣爲物，游魂爲變』，二語盡之矣。」

藩從先生受句讀，方十二齡，卽諭以涵養工夫。一日，藩怒叱僕人，先生婉言開導曰：「讀書以變化氣質爲先，女如此氣質，尚能讀書乎！況彼亦人子也，爲女役者，逼于饑寒耳，方哀矜之不暇，忍加訶責耶！」後主沂州書院，得疾歸，筮之不吉，書紙尾曰：「勿起妄心，勿生妄見，修行懺悔，時哉時哉！」尋卒。先生天性純厚，雖居貧，常周人之急。姊家負人責百金，未卒前數日，出金代償之，人以爲尤難也。

羅有高

羅有高，字臺山，瑞金人。生而奇偉。年十六，補諸生。明年，寓雩都蕭氏别業，徧讀所藏書。心慕古昔豪傑之士，習技勇，讀兵書，視同舍生蔑如也。久之，人有道雩都宋道原爲宋五子之學，君子也。有高聞而心動，遂往見之，自述其所學。道原不以爲然。有高負氣争辯，道原曰：「子少安毋躁，吾語子。昔張子見范文正公言兵法，公勿善也，授以中庸。足下兵法自問如張子否？卽便如張子，亦非儒者所尚，况未必如張子乎！『天生烝民，有物有則。』視聽貌言思，物也；明聰恭從睿，則也。能全是理，而後能有其身；能有其身，而後閨門順敍而家齊。達而行之，若有原之水，有根之木，滂沛條暢，無湮塞夭札之患。及其成也，身亨而道泰，致足樂也。今察足下氣浮而言疾，神明擾攘，常若有營，以此入世，得免刑戮，不累父母兄弟幸矣，尚求有濟於天下乎！」有高聞言，汗流浹背，舌縮肢攣，無地自容。久之，請曰：「何以教我？」曰：「子歸而讀先儒書，有餘師。」又出所作持敬、主一二銘示之曰：「力爲之！」于是棄所學而學焉。尤喜明道、象山、陽明、念菴之書，旁推曲證，頗多心得。後謁雷寧化，受業門下，每有陳說。雷公曰：「子太聰明，如水銀潑地，吾懼其流也。」乾隆二十七年，舉優貢生，遂入京師。三十年，應順天鄉試，出彭芝庭先生之門。與彭公子尺木居士友善，屢至吴門，主其家，同修淨業，閉關七旬，讀首楞嚴，參究上乘。嘗言東西二聖人權實互用，門庭迥別。其歸宿名相，離言思絶，一且不立，二復何有！惟自證者知之，非可以口舌争也。性喜出遊，常之廣東，客恩平縣李文藻官舍。又見戴東原太史於京師，始撿注疏及爾雅、説文解字諸書爲訓詁之學，有釋蠹一篇，文煩不録。三十七年，會試報罷。後游宜黄，有余子安者館之石蹬山僧舍，日誦華嚴經，修念佛三昧。尋至揚州高旻寺，主僧貞公照月門風甚峻，屢呈見解，不許，曰：「此是口頭學得，何關本分！」詰以古德機鋒，不能對，乃發憤入禪室，隨衆起倒，晝夜參究。居半年，積疑頓釋，遂辭去，偕同參僧度錢塘；又之寧波，主同年友邵海圖家；度海，上落伽山禮大士。已而至吳下，與尺木居士游太湖洞庭，樂石公之勝，賃僧舍居之。未幾，又至寧波。有高自謂解脫，然名心不死，又與海圖入京應試，不獲雋，得末疾，復至吳下。疾大劇，踉蹌歸，甫抵家而死。汪愛廬師讀其與法鏡野論春秋書，評曰：「上帝臨壇，萬靈拱肅；世尊下降，諸天震動。」尺木居士謂有高奮乎百世之下，希三代之英，可謂豪傑之士。又稱其文華梵交融，奏刀砉然，傾倒至矣。

昔日與友人程君在仁挑燈道故，程君曰：「羅先生可謂天下第一學人。」予曰：「爲宋儒之學，不及道原；歸西方之教，不如照月；肆訓詁之學，不如戴太史；文則吾不知也。」又曰：「其學佛猛勇精進，必往生淨土。」予曰：「人之所以學佛者，爲了生死耳。閉户參究，回光反照，即可以了矣，何事僕僕道路爲！亦可謂疲於津梁矣。當鐘鳴漏盡之時，尚不知反，幾死道路，危哉！且屢上公車，求一進士而不可得，名利之心甚熾，而能了不染之心耶！清淨世界中，一朵蓮花豈容此凡夫趺坐其上！」在仁又述其在奉化西峯寺事云：「一日出白金易泉，金甚夥，縣役疑其爲盜，捕之，手仆三人，餘皆逃去。尋自詣縣，令升堂見之，叱使跪，不應，詰其姓名，不答，羈之告成寺。邵海圖聞其事，白於縣令，釋之。能禦强暴，豈非豪士哉！」予笑曰：「此妄人之所爲也。當縣役捕時，曉之曰：『我羅舉人，非盜也。』即不信，同縣役詣縣自述顛末，且可援邵海圖以爲證，其事即解，何必用武耶！其在縣堂時，縣令聞其勇，愈疑其爲盜，所以叱之詰之，何以不答！豈亦將施老拳於縣令耶！幸有海圖在耳，設海圖不知，縣令横虐，竟肆桁楊，因好勇鬬很，毁傷父母遺體，不孝莫大焉。少有知識者尚不爲，而學佛者爲之乎！」

汪愛廬師

先生諱縉，字大紳，吳縣諸生。少孤，程太孺人撫以成立。幼入塾讀書，性不善記；年十六，試爲文，數百言立就。其文在荆川、百川之閒；至於發揮經旨，涵泳道德，唐方二家所不及也。喜爲詩，以陳子昂、杜少陵爲則。不二師見其虎邱題壁詩，詫曰：「此白衣大有根器。」後見寒山、拾得詩，喜其字字句句皆從性海流出，於是以詩作佛事，有空山無人，水流花開之妙境，非若王安石之句摹字擬也。尤工古文，人所不能言者能言之，人所不敢言者能言之，人所不能暢者能暢之，人所不能曲者能曲之。其出儒入佛之作，則言思離合，水月圓通，有不可思議者。尺木居士許之曰：「噓氣成雲。」王光祿西莊云：「讀大紳文，十洲三島悉在藩溷間矣。」然而先生之志不在此也，有詩曰「消沈文字海，萬古涕淋浪」，先生之志，蓋在向上一義矣。壯歲讀陳龍川文集，慕其爲人，思見用於世；既而讀宋五子書，又讀西來梵筴，始悟其非。謂趙宋以來，儒與佛爭，儒與儒爭，轇葛紛紜，莫能是正。乃統其同異，通其隔閡，仿明趙大洲二通之作，著二録、三録以明經世之道；又著讀書四十偈私記以通出世之法。嘗謂藩曰：「吾於儒佛書，有一字一句悟之十餘年始通者。讀二録、三録，當通其可通者，不可强通其不可通者。」尺木居士謂先生之論儒佛，一彼一此，忽予忽奪，似未深知先生者。先生豈無權量於其閒耶！先生落落寡合，往來最密者，尺木居士一人而已。曾主來安建陽書院，以正學教諸生，緣歲饑，輟講歸。又嘗應浙江竇學使聘，校試文，非所好也。歸而閉戶習靜，不復應科舉，作無名先生傳曰：「先生講學，不朱不王；先生著書，不孟不莊；先生吟詩，不宋不唐；先生爲人，不猥不狂；先生處世，不圓不方。」復作歌曰：「先生有耳聽清風，先生有眼看明月，先生有身神仙人，先生有家山水窟。先生於事無不有，人欲説之壁掛口。」自述其孤往也如此。以食廩歲滿，貢太學，未得教官。卒年六十八。卧疾數日，口不及家事，索茗盡兩甌，曰「好好」而逝。

彭尺木居士

尺木居士，又號知歸子，名紹升，字允初，大司馬芝庭公之四子也。八齡，躓于户閾，損一目。早歲舉于鄉，乾隆己丑成進士，例選知縣，不就。生性純厚，稟家教，讀儒書，謹繩尺。初慕洛陽賈生之爲人，思有以建白，樹功名；後讀先儒書，遂一志于儒言儒行，尤喜陸、王之學。及與薛、汪二先生遊，乃閱大藏經，究出世法，絶欲素食。久之，歸心淨土，持戒甚嚴。好作有爲功德，鳩同人施衣施棺，恤嫠放生，鄉人多化之。修淨業後，一切屏去，惟讀古德書。閒作漢隸，收弆金石文字。嘗謂予曰：「朱子亦愛金石碑版，此論語所謂『游於藝』，非玩物喪志也。」治古文，言有物而文有則。熟於本朝掌故，所著名臣事狀、良吏述、儒行述，信而有徵，卓然可傳於後世。論學之文，精心密意，紀律森然；談禪之作，亦擇言爾雅，不涉禪門語録惡習。其解大學「格物」，訓「格」爲「度量」，本之倉頡篇。宋以後儒者自撰詁訓，豈知此哉！其讀古本大學一首，有裨於經傳。文曰：「大學一書，古聖人傳心之學也。傳心之學，『明明德』一言盡之矣。『親民』者，明德中自然之用，非在外也。『民吾同體，親之』云者，還吾一體而已矣。故下文不曰『親民』，而曰『明明德于天下』。心量所周，蕩然無際，民視民聽卽吾視聽，民憂民樂卽吾憂樂。如明鏡，物無不鑒；如太虛，物無不覆。是謂『明明德于天下』，故曰：『一日克己復禮，天下歸仁焉。』仁非在外也，亦還吾一體而已矣。『至善』者，明德中自然之矩，所謂『天則』也。見龍无首，乃見天則，聖人以此洗心，退藏于密，所謂『至』也。故道莫先于知止矣。知者，明德之所著察，止外無知，知外無止。止外無知，是謂『知本』；知外無止，是謂『知至』。『知至』云者，外觀其物，物無其物，物無其物，是謂『物格』；內觀其意，意無其意，意無其意，是謂『意誠』；進觀其心，心如其心，心如其心，是謂『正心』。由是以身還身，以家還家，以國還國，以天下還天下，不役其心，不動于意，不殺于物，是謂『身脩』『家齊』『國治』『天下平』。而其機莫切于知本，家國天下以身爲本，而身以知爲本。故反復于本末之辨，而終之曰：『此謂知本，此謂知之至也。』知本則知止，知止則知至，不其然乎！雖然，本末易知也，知本矣，而其功莫精于誠意。蓋亂吾知者，意也，意之動而好惡形焉。是不可得而遽泯也，愼之于獨而已矣；愼之于獨，『無有作好、無有作惡』而已矣。『如惡惡臭，如好好色』，言無作也。無作則無意矣，『心廣體胖』，此其徵也。淇澳烈文，德之所被，民不能忘，一誠之所貫浹也，所謂『誠于中，形于外』也。何以誠之？反之于獨而已矣。反之于獨，不昧其知，謂之『自明』。『用其極』者，自明之極，本斯在是矣。『緝熙敬止』，其功也；『仁』『敬』『孝』『慈』『信』，一止也，極也；『大畏民志』，通天下之志也。意既誠矣，知斯至矣，『知本』之說也。然則學者宜知所以事心矣。心本無所，有所，不可也；本無不在，有不在，不可也。善事心者，納之于一矩而已矣，所謂『正』也。自身而家，自家而國，自國而天下，納之于一矩，而無不修且齊焉，治且平焉。『矩』也者，所謂『極』也，『至善』也。『絜矩』云者，卽本以知末，『止于至善』，『明明德于天下』之實也。君子先愼乎德，反本而已矣。彼好惡拂人之性者，豈其性異人哉！舍本而逐末，卒爲天下僇，本其可勿務乎！故曰：『自天子以至於庶人，壹是皆以修身爲本。』」居士蓋本陽明之說而推廣之，如「意無其意」，「心本無所」，語近於禪，然其言爲學之次第，知所本矣。又有論語集註疑、大學章句疑、中庸章句疑、孟子集註疑四篇。居士深於陸王之學，故於朱子不能無疑焉，亦各尊其所聞而已。乾隆四十九年大司馬卒後，往深山習靜，參究向上第一義，自云：「當沈舟破釜，血戰一番，埽盡羣魔以還天明。」作蓼語，示諸兄子。久之，又復家居。尋卒。

程在仁

在仁，常熟人，困童子試，每試必更名，無定名，以字行。深於史學，尤精二漢書。嘗謂魏收有史才，陳壽沈約皆不及也。艮庭江先生亟稱之。喜談匡濟之學，以爲如有用我者，可以立致太平，豪氣勃勃，不可一世。從吴門老儒陸佩鳴爲師，一日謂在仁曰：「我不足爲子師。爲子擇師，莫如汪君愛廬。」在仁聞之，卽執贄門下，盛稱其學。汪先生曰：「昔朱子謂吕子伯恭喜讀史書，所以心麤，不能體認經書。子之學，去吕子十萬八千里，而子之心已麤，氣亦浮矣。豈有心麤氣浮之人能讀書乎，而能成功業乎！」在仁瞿然下拜曰：「願受教。」乃取近思録授之。十日後，問之曰：「省否？」曰：「不省。」又授以陸王之書。久之，又問之曰：「省未？」曰：「省。」曰：「前此何以不省也？」曰：「心不在腔子裏。」從此砥厲廉隅，雖三旬九食，不妄受人惠。性孤冷，不樂見熱客，坐是益困矣。假僧舍讀書，徧閲大藏。又得李卓吾紫柏書讀之，感其遇，爲之泣下。嘗曰：「一僧一俗，皆從悲憤海中來。」蓋引以自喻也。後下榻予家，樂與先君子談論，自悲身世不偶，多憤激之言。先君子曰：「傳有之，『富貴在天』，雖一衿亦有定數。子學儒學佛十有餘年，胸中尚不能消『秀才』二字，學道何爲！」退而告藩曰：「聞丈言，醍醐灌我頂矣。」未幾，歸海虞，以貧病死。

記者曰：儒生闢佛，其來久矣，至宋儒，闢之尤力。然禪門有語録，宋儒亦有語録；禪門語録用委巷語，宋儒語録亦用委巷語。夫既闢之而又效之，何也？蓋宋儒言心性，禪門亦言心性，其言相似，易於渾同，儒者亦不自知而流入彼法矣。至儒佛之分，在毫釐之閒，若暗中分五色，飲水辨淄澠，其理至微，學者貴自得之，豈可以口舌爭乎！自象山之學興，慈湖之言近於禪矣；姚江之學繼起，折而入於佛者不可更僕數矣。然尚自諱其學曰「吾之言，儒言也，非禪言也；吾之行，儒行也，非禪行也。」如沈史諸君子是已。至明之趙大洲，始以儒證佛，以佛證儒，如香聞師諸先生是已。閒嘗考之，後人皆曰「援儒入佛始於楊慈湖」，然程伯子有言曰：「佛言前後際斷，純亦不已是也。」是援儒入佛不始於慈湖，始於伯子矣。先君子學佛有年，明於去來，嘗曰：「儒自爲儒，佛自爲佛，何必比而同之。學儒學佛，亦視其性之所近而已。儒者談禪，畧其跡而存其眞，斯可矣。必曰『佛儒一本』，亦高明之蔽也。」藩謹守庭訓，少讀儒書，不敢闢佛，亦不敢佞佛，識者諒之。

伍跋

右國朝宋學淵源記二卷、附記一卷，國朝江藩撰。百餘年來，學者以訓詁小學相尚，許鄭之說尊於周孔。雋材秀民欲以是別異，矯枉過直，集矢於宋儒，影響附和，冥行擿埴，捫籥揣燭，皆自以爲漢學，亦一蔽也。蓋漢儒專言訓詁，宋儒專言義理，原不可偏廢。學者各尊所聞，各行所知，隨其性情之所近，詣力之所專，殊塗同歸，與道大適，無庸悦甘而忌辛，是丹而非素也。鄭堂復撰此書，匪騎牆之見，亦持平之論耳。湯文正魏果敏諸鉅公，以史宬當有傳，故未及載；若陸清獻從祀孔庭，史臣亦必有傳，故亦未載，亦見矜慎。至孫百泉道光閒從祀孔庭，則鄭堂書成久矣。南北學者，分上下二卷；附記一卷多援儒入墨之論，殊可不必。鄭堂專宗漢學，而是書記宋學淵源，臚列諸人，多非其所心折者，固不無蹈瑕抵隙之意。至羅臺山孝廉傳，痛詆之幾無完膚，其人苟無可取，亦何必爲之立傳。甚矣！鄭堂之褊也！鄭堂學術人品頗近毛西河檢討，故留粵時於阮文達亦頗有違言，則其他可知，讀者分別觀之可耳。張石州閻潛邱年譜稱「是書載李天生於甲申、乙酉閒冒鋒刃，閒關至燕中，兩謁愍帝攢宫。是並先生詩文集未之見也」云云。今李天生傳無此語，或石州所見爲鄭堂未定之本歟！咸豐甲寅夏五望後，南海伍崇曜謹跋。

點校後記

江藩字子屏，號鄭堂，江蘇甘泉人。生於一七六一年（清乾隆二十六年），死於一八三〇年（清道光十年）。曾受學於余蕭客、江聲，是惠棟的再傳弟子。撰有國朝漢學師承記和國朝經師經義目録，係甄録清代諸儒及諸家撰述，以篤守漢儒訓詁之學者爲主；國朝宋學淵源記則以遵循宋儒義理之學者爲主。以上三書均爲清代學術思想史方面的重要著作。另有周易述補、隸經文、炳燭室雜文等。

這次整理，將上述三種有關學術思想史的著作合一出版，以光緒九年山西書局本爲底本，除標點分段外，還校以嘉慶二十三年阮元刻本，咸豐四年粤雅堂叢書本，光緒十二年江氏叢書本，光緒二十二年寶慶勸學書社本。除明顯錯字逕改外，凡與各本有歧異處，根據具體情況酌改或兩存，都出校注説明。

鍾哲一九八二年七月